Burgen, Schlösser und Herrenhäuser in Hamburg und Umgebung

Heiko Laß

Entdeckungsreisen zu
unbekannten und bekannten Objekten

Inhaltsverzeichnis

Vorwort

Kennen Sie die „Hamburger Burg"? Hamburger verstehen darunter ein Etagenhaus vom Ende des 19. Jahrhunderts. Eine solche „Hamburger Burg" war hufeisenförmig um eine straßenseitige Grünfläche gebaut. Der zur Straße gelegene, an drei Seiten umbaute Platz hatte eine annähernd quadratische Gestalt von etwa 20 bis 25 Metern. Vermutlich ist die 1899 vom Hansestädtischen Bau- und Sparverein in Eimsbüttel an der Ecke Stellinger Weg/Methfesselstraße erbaute Anlage die erste dieser Art.

Auf der Pariser Weltausstellung 1900 wurde die „Hamburger Burg" mit einer Preismedaille ausgezeichnet. Mit der Abwendung von den traditionellen Wohnhofstrukturen aus Vorder- und Hinterhaus wurde diese Burg zum Leitbild für einen fortschrittlichen Massenwohnungsbau. Es folgten viele weitere derartige Anlagen – nicht nur in Hamburg.

Dies sind jedoch nicht die einzigen Burgen, die Hamburg zu bieten hat. Tatsächlich gibt es in der Stadt und ihrem Umland eine Fülle an Bauten, die auf historische Burgen zurückgehen, ebenso eine Vielzahl an Burgruinen. Von beiden soll im vorliegenden Buch eine repräsentative Auswahl vorgestellt werden.

Der Großraum Hamburg ist durch das breite Elbtal bestimmt. Dieses wird durch Endmoränen wie etwa die Harburger Berge oder die Höhenzüge des Süllbergs und seiner benachbarten Erhebungen bzw. die Geestkante nach Norden und Süden begrenzt. Direkt in Hamburg liegt das Stromspaltungsgebiet der Elbe, sozusagen eine Art Delta im Binnenland. So wird die Region sowohl durch weite, feuchte Flächen, als auch durch stark zerklüftete Höhenzüge bestimmt. Hinter diesen Höhenzügen beginnt im Nordosten das sanft gewellte Hügelland und im Norden die Geest. Im Westen von Hamburg bestimmen beiderseits der Elbe Marschen die Landschaft.

In diesem Gebiet wurde im Laufe der Geschichte eine Vielzahl von Burgen, Schlössern und Herrenhäusern erbaut. Die meisten Wehrbauten des Mittelalters sind heute verschwunden, andere ruinös oder so stark überformt, dass sie als Burg nicht mehr wahrgenommen werden. Zumeist lässt sich nur noch feststellen, wo gebaut wurde, nicht aber wie. Gerade die frühen Burgen im Großraum Hamburg sind größtenteils nur aufgrund archivalischer Nachrichten bekannt. Daher fehlt oftmals Wissen über die konkrete ehemalige Architektur.

Besser steht es um den Kenntnisstand von Schlössern, Herrenhäusern und Landhäusern oder Festungen. Diese Bauaufgaben folgten zeitlich den Burgen, ohne dass sie von ihnen inhaltlich getrennt werden könnten. Auch von diesen Bauten hat nur ein sehr geringer Teil bis heute überdauert. Viele Objekte haben im Laufe der Zeit ihre Funktion verloren, da sie nicht mehr zeitgemäß waren und durch modernere Bauten ersetzt wurden. Ein Großteil der erhaltenen Architekturen wird heute noch wie ehedem privat genutzt und ist damit der Öffentlichkeit nicht zugänglich. So sind sie oft aus dem Bewusstsein der Menschen und der Forschung entschwunden.

Die Burgenforschung ist für Hamburg – bis auf einzelne Ansätze in den 1920er und 1930er Jahren – nie systematisch betrieben worden. Archäologen und Historiker haben sich zum Teil den Objekten von fachspezifischer Seite her genähert, aber auch das nur in Einzelfällen. Erste übergreifende Darstellungen entstanden erst 1996 parallel durch R. Busch und H. Laß. Besser ist es um Schlösser und Herrenhäuser bestellt. Gerade in Schleswig-Holstein hat seit der wegweisenden Arbeit 1953 von P. Hirschfeld eine intensive Forschungstätigkeit stattgefunden. Zu nennen sind etwa H. v. Rumohr und H. Neuschäffer, deren Arbeiten einen Schwerpunkt auf die Geschichte der Bewohner legten; die Architektur war nicht das eigentliche Thema. Auch die Land- und Stadtsitze der Hamburger Bürger sind recht gut bearbeitet, sei es durch Überblickswerke oder Baumeistermonographien wie zuletzt zu C. F. Hansen und F. G. Forsmann. Ihren Ausgang nahmen die Untersuchungen 1975 mit einer Publikation zu Gärten, Landhäusern und Villen des hamburgischen Bürgertums. Für die Bauten in Niedersachsen sucht man Vergleichbares vergeblich.

Dieses Buch bringt die heute noch erhaltene Architektur der Burgen, Schlösser und Herrenhäuser im Großraum Hamburg wieder in Erinnerung.

Die historische Entwicklung

Allgemeine Entwicklung bis 1227

Die Geschichte der Burgen im Hamburger Raum beginnt mit dem Ende der Völkerwanderung. Nach dem Teilabzug der Langobarden im 3. Jahrhundert n. Chr. wurden die Sachsen für die Region bestimmend. Aus der Zeit des 6. bis 9. Jahrhunderts stammen zwei nacheinander errichtete Ringwallanlagen am Speersort in Hamburg. Bei der älteren Anlage handelt sich um die älteste bekannte Befestigungsanlage in der Stadt. In der Folge politischer und ethnischer Veränderungen setzte ab dem 7./8. Jahrhundert in Norddeutschland ein verstärkter Burgenbau ein. Dieser Zeit gehören in Hamburg Anlagen an wie die Mellingburg an der Oberalster und die Burg Falkenberg in den Harburger Bergen.

Seit 795 war das Hamburger Umland von den Sachsenkriegen Karls des Großen betroffen. 795 unterlagen die sächsischen Nordalbinger einem Heer der Franken und Obodriten. Zu dieser Zeit muss auch der sächsische Ringwall in Hamburg erobert worden sein. Nach vorübergehender Herrschaft der Obodriten wurde auch Nordalbingen 810 in das Fränkische Reich eingegliedert. 811 legte ein Friedensvertrag zwischen Karl dem Großen und dem Dänischen König die Nordgrenze des Reichs fest: die Eider. Sie blieb von wenigen Unterbrechungen abgesehen bis 1864 die Grenze zwischen Deutschland und Dänemark.

Die folgenden vier Jahrhunderte wurden im Hamburger Raum durch widerstreitende (Territorial-)Gewalten bestimmt. Hamburg blieb in karolingischer, ottonischer und salischer Zeit ein Grenzort des Reichs. Seine Geschichte ist durch seine Grenzlage geprägt – anfänglich der des Reichs zu den Slawen und Dänen, später einzelner Gebiete des Reichs zueinander. Phasen des Ausbaus wechselten immer wieder mit denen der Zerstörung. 983 wurde die Stadt von Slawen zerstört, 1066 und 1072 folgten erneute Überfälle und Besetzungen durch die slawischen Obodriten. Sie zerstörten die Stadt und die hier 1061 und 1072 erbauten Burgen. Erst die gewaltsame Christianisierung der Obodriten führte zu einem Ende der Angriffe. Ungefähr ab 1100 erfolgte der systematische Wiederaufbau Hamburgs.

Erst im 12. und 13. Jahrhundert stabilisierten sich die politischen Verhältnisse im Hamburger Raum. 1110 wurden die Grafen von Schaumburg mit der Grafschaft Holstein und Stormarn belehnt. Sie waren bis in die erste Hälfte des 15. Jahrhunderts prägend für den Hamburger Raum und konnten ihre Herrschaft mit wenigen Ausnahmen bis zu ihrem Absterben 1460 bzw. in einer Nebenlinie bis 1640 behaupten. Graf Adolph I. von Schaumburg baute 1130 die gräfliche Alsterburg in Hamburg aus. Bereits sein Sohn Graf Adolph II. wurde jedoch wieder vertrieben und die Alsterburg 1139 zerstört. Seitdem verfügte das Grafenhaus über keinen festen Platz mehr in der Stadt Hamburg. 1142 kehrten die Schaumburger zurück, errichteten sich aber keinen neuen festen Platz in der Stadt.

1190 war der Besitz der Schaumburger erneut gefährdet. Im Zuge von Streitigkeiten um den Deutschen Königsthron wurden die Schaumburger nach dem Tod von Kaiser Friedrich Barbarossa 1190 vom dänischen König vertrieben. Adolf III. zog sich in sein Stammland an der Weser um Bückeburg zurück. Der neue König Otto IV. erkannte 1202 die Besitzergreifung Nordelbiens durch Dänemark an, um den Rücken im Norden frei zu haben für seine Feldzüge gegen seine Konkurrenten im Süden Deutschlands. Der dänische König Waldemar II. belehnte seinen Neffen, Graf Albrecht von Orlamünde, mit Holstein und Stormarn. Erst 1224 begann Adolf IV., die Grafschaft seines Vater zurückzuerobern. 1225 wurde Albrecht von Orlamünde bei Mölln geschlagen. Mit dem Sieg über das dänische Heer 1227 bei Bornhöved endete die Herrschaft der Dänen in Holstein. Nun waren auch im Norden jene Grenzen festgelegt, die bis in die Neuzeit hinein Bestand hatten.

In dieser Zeit kam die territoriale Entwicklung im Westen und Süden der Stadt zu einem Abschluss. Beiderseits der Elbe herrschten die Grafen von Stade. Als sie 1144 abstarben, entbrannte zwischen den Herzögen von Sachsen und den Erzbischöfen von Bremen ein Streit um das Erbe, den zuletzt die Erzbischöfe von Bremen 1235 für sich entschieden. Nur einige Orte im Osten fielen an Sachsen.

Die Burgen bis 1227

Über das Aussehen der Burgen in jener Zeit weiß man nicht viel, generalisierende Aussagen können jedoch gemacht werden. Am Beginn der Entwicklung stehen Wallanlagen von zum Teil bedeutender Größe wie in Hollenstedt um 800 oder in Hamburg auf dem Speersort um 850. Theoretisch wurden Burgen nur vom König bzw. Kaiser erbaut oder zumindest genehmigt, wie es auch Karl der Kahle 864 schriftlich festhalten ließ. Auch Otto der Große erwähnt 940 einen Burgenbann. Faktisch errichteten aber auch andere Personen Burgen.

Zu den großen Burgen traten kleine Wallanlagen wie jene auf dem Falkenberg in den Harburger Bergen, die Rönneburg in Hamburg-Rönneburg oder die Mellingburg in Hamburg-Sasel. Bei ihrer frühen Zeitstellung sind die Bauherren und die Umstände, die zu ihrer Gründung führten, unbekannt. Die Anlagen hatten einen Durchmesser von 50 bis 100 Metern.

In der Mitte des 12. Jahrhunderts kamen steinerne Turmburgen auf, wie wir sie mit der Bischofsburg und der Alsterburg fassen können. Sie sind zugleich erste Beispiele landesherrlicher Burgen, die der Aufrechterhaltung und dem Ausbau der territorialen Macht dienten, unabhängig von einer Legitimierung durch den fernen König bzw. Kaiser. Gleichzeitig entstanden Wallanlagen wie auf dem Süllberg. Auch noch 100 Jahre später wurden Wallanlagen errichtet, wofür die Neue Burg von 1188 stehen kann oder die Spökelburg, eine kleine Befestigung, die wohl in den Kämpfen mit Albrecht von Orlamünde 1225 zerstört wurde.

Die Burgen sind von jetzt an immer im Zusammenhang mit der sich langsam entwickelnden Landesherrschaft zu sehen. Deshalb wurde ihre Geschichte so ausführlich dargelegt. Ferner setzte nach der Verdrängung der Slawen mit Beginn des 12. Jahrhunderts eine verstärkte Neubesiedlung des Landes ein, in deren Zuge viele Rittersitze entstanden. Derartige kleine Ritterburgen lassen sich vermehrt erst im 13. Jahrhundert baulich bestimmen. Es dürfte sich um kleine Turmhügelburgen mit Wallgraben-Systemen gehandelt haben. In einigen Regionen gab es jedoch zu keiner Zeit Ritterburgen, wie in der späteren Grafschaft Pinneberg. Hier behauptete sich die Landesherrschaft als alleiniger Machtfaktor.

Allgemeine Entwicklung von 1227 bis 1460

Die Zeit zwischen 1227 und 1460 ist hauptsächlich durch die Expansion Hamburgs geprägt. Hamburg wird zum bestimmenden politischen Faktor, die gerade erst gefestigte Landesherrschaft tritt im Umfeld der Stadt bald in den Hintergrund. Noch unter Albrecht von Orlamünde waren 1216 Altstadt und Neustadt vereint worden. 1225 wurde die Urkunde des so genannten Barbarossafreibriefs gefälscht, die angeblich Graf Adolf III. im Jahre 1189 von Kaiser Friedrich Barbarossa für Hamburg erhalten haben sollte. Darin bekam die Stadt

Verkehrs- und Zollfreiheit in ganz Holstein sowie auf der Elbe bis an die Nordsee. Hiermit wurde die Grundlage der späteren Hamburger Politik gelegt. Im Kreis von 7,5 bzw. 15 Kilometern um die Stadt herum erhielt Hamburg ferner weitgehende Nutzungs- und Verbotsrechte. Näher als zwei Meilen an die Stadt heran durfte keine Befestigung errichtet werden. Zu dieser Zeit hatte Hamburg nicht einmal eine richtige Stadtmauer (diese entstand erst zwischen 1230 und 1260). Schon 1228 hatte der Erzbischof von Bremen auf seine hoheitlichen Rechte in der Stadt bis auf den Bereich der Domimmunität verzichtet. 1241 schlossen Hamburg und Lübeck einen Vertrag über die Sicherung der Handelsverbindungen zwischen beiden Städten. Das Zusammengehen mit Lübeck trug maßgeblich dazu bei, dass Hamburg bereits um 1400 faktisch unabhängig war und über ein eigenes Herrschaftsgebiet mit mehreren Burganlagen verfügen konnte.

Fremde Burgen mussten jedoch aufgrund des gefälschten Freibriefs fallen, darunter die 1258 von den Schmaumburger Grafen reaktivierte Burg auf dem Süllberg. Sie errichteten 1311 als Ersatz außerhalb der Zweimeilenzone eine Burg bei Wedel. Selbst die Mühlen in Wandsbek und Hinschenfelde durften nicht so gebaut werden, dass sie verteidigungsfähig waren. Lediglich bereits bestehende Burgen wie jene in Harburg oder im heutigen Wilhelmsburg genossen Bestandsschutz. Hier gelang es der relativ unbedeutenden Familie der Groten sogar, ab 1367 eine neue Anlage zu errichten.

Ebenso lagen jene Burgen, die außerhalb der Zweimeilenzone errichtet wurden, außerhalb des direkten Einflusses der Stadt. Zu ihnen gehörte die Ende des 13. Jahrhunderts gegründete Riepenburg in Kirchwerder, die zur Sicherung der Zoll- und Fährverbindung gegenüber der ehemaligen Einmündung der Ilmenau in die Elbe diente.

Während Hamburg an Bedeutung zunahm, wurde die Macht der Schaumburger durch Landesteilungen und spätere Kriege untereinander geschwächt. Bereits 1261 entstanden die Teillinien Holstein-Kiel und Holstein-Itzehoe. Bis 1294 kamen eine Rendsburger, eine Plöner und eine Pinneberger Linie hinzu. 1322 wurde die Alster die Grenze zwischen Stormarn und Pinneberg. Hamburg stand zwischen den beiden Gebieten und konnte sich ungestört ausdehnen.

Seit der ersten Hälfte des 14. Jahrhunderts betrieb der Rat der Stadt Hamburg eine systematische Territorialpolitik, die sich vor allem am Verlauf von Elbe und Alster orientierte. In diesen Zusammenhang ist auch der Erwerb verschiedener Inseln im Stromspaltungsgebiet und des Glindesmoores am Südufer der Elbe zwischen 1359 und 1475 zu stellen. Es ging um die Elbhoheit und eine Marginalisierung der braunschweig-lüneburgischen Horeburg in Harburg. 1390 errichteten die Hamburger im Glindesmoor ein festes Haus, aus dem die Moorburg entstand, nach der der

Hamburger Stadtteil noch heute seinen Namen trägt. Es gelang den Hamburgern sogar in Zusammenarbeit mit der Stadt Lüneburg, die Macht der Herzöge von Braunschweig-Lüneburg gänzlich von der Elbe zu verdrängen. Die Horeburg wurde zerstört, gelangte an Hamburg und wurde von der Stadt wieder aufgebaut. Später gab Hamburg die Horeburg an Lüneburg weiter. Nahezu alle Ämter und Burgen am südlichen Elbufer wie in Moisburg oder Winsen gelangten im 15. Jahrhundert dauerhaft oder zeitweilig unter Lüneburger Pfandherrschaft, vor allem aber Harburg. Erst Anfang des 16. Jahrhunderts gelang es den Herzögen von Braunschweig-Lüneburg, die Ämter wieder einzulösen.

Ebenfalls von Handelsinteressen bestimmt waren die territoriale Entwicklung und die Burgenpolitik der Stadt Hamburg im Osten. Es ging um sichere Handelswege nach Lübeck. Gemeinsam mit Lübeck wurden 1420 die Vierlande mit den Burgen Bergedorf und Riepenburg von den Herzögen von Sachsen-Lauenburg erobert. Im Herzogtum Holstein sicherte sich Hamburg Stützpunkte bis nach Wohldorf und Großhansdorf. Besonders die Burg in Wohldorf war immer wieder Gegenstand gemeinsamer Absprachen von Hamburg mit Lübeck, die Wohldorf bereits 1306 zerstören wollten.

Die Burgen von 1227 bis 1460

Die Burgen im Hamburger Raum hatten in dieser Zeit verschiedene Funktionen. Im engeren Sinne wird mit dem Begriff der Burg für jene Zeit der wehrhafte Wohnsitz des europäischen Adels im Mittelalter bezeichnet. Mit dem Erwerb von Land und Rechten entstand das Bedürfnis, sich von anderen abzugrenzen. Der Adel entwickelte eigene Verhaltensmuster und Bauformen. Spätestens im 11. Jahrhundert war die Burg auch im Raum Hamburg ein unverzichtbarer Nachweis der Standeszugehörigkeit für Adlige. Die Burgen konnten dabei durchaus klein sein und sich auf einen Wohnturm beschränken, während die sich herausbildenden Landesherren auch komplexere Anlagen aufführen ließen. Wichtig war, das Recht, Befestigungen zu errichten, auch umzusetzen. Es war damals eine Zeit, in der das geschriebene Recht noch nicht eine derartige Bedeutung hatte wie heute. Nur der, der sein Recht ausübte, konnte sicher sein, dass auch seine Nachfahren noch unbestritten über dieses Recht verfügen konnten.

Macht und Besitz beruhten im Früh- und Hochmittelalter auf einer Vielzahl von grundherrlichen, gräflichen, vogteilichen und lehnsherrlichen Rechten. Diese waren zumeist regional weit verstreut, heterogen und überlagerten sich fast immer mit den Rechten anderer. Herrschaft beruhte also auf Rechten und nicht auf Territorialbesitz. Seit dem 12. Jahrhundert ist jedoch das letztendlich erfolgreiche Bestreben der weltlichen und geistlichen Großen festzustellen, ihre verstreuten Besitzungen und zersplitterten Herrschaftsrechte räumlich abzurunden und zu verdichten. Das Territorium wurde zur entscheidenden Machtbasis. Diese Entwicklung lässt sich im Raum Hamburg gerade in der ersten Hälfte des 13. Jahrhunderts beobachten. Und nun beginnt die Entwicklung vom Personenverbandsstaat zum institutionalisierten Flächenstaat des Landesherrn. Zur militärischen Absicherung benötigte der Landesherr Burgen. Und hier kommen jetzt auch die Städte ins Spiel. Wenn sie eine Herrschaft aufbauten, benötigten sie ebenfalls Burgen. Herrschaft war spätestens seit 1200 auf Burgen orientiert.

Nun kam es auch zu einer Funktionsaufteilung der Burgen. Neben Anlagen, die ausschließlich befestigte Wohnsitze des Adels waren wie Anlagen der Groten in Wilhelmsburg, gab es Burgen der Landesherrschaft. Ein Landesherr verfügte über verschiedene Burgen. Er konnte jedoch nicht auf allen Anlagen wohnen – zumindest nicht gleichzeitig. Es gab Anlagen, die über hohen Wohnkomfort verfügten oder sogar eine Art Landesmittelpunkt sein konnten wie die Hatzburg für die Grafen von Holstein-Pinneberg oder Burg Bergedorf für die Herzöge von Sachsen-Mölln-Bergedorf. Zur Sicherung der Grenze dienten Objekte wie die Horneburg für den Bremer Erzbischof oder die Horeburg für den Braunschweiger Herzog. Sie hatten eher den Charakter eines festen Platzes. Hier lebten eingesetzte Verwalter und Burgmannen. Es handelte sich weder um einen adligen Sitz, noch um bevorzugte Aufenthaltsorte der Landesherrschaft.

Bei vergleichbaren städtischen Bauten fällt eine Bestimmung schwerer. Wer ist der Landesherr einer freien Stadt? Ist es der Rat? Auf den Burgen der Hamburger, zu denen Anlagen in Ostfriesland, auf Neuwerk und in Cuxhaven gehörten, ferner die Moorburg, die Riepenburg, Burg Bergedorf und Burg Wohldorf, saßen zumeist Ratsherren, teilweise sogar Bürgermeister. Es handelte sich dabei um feste Vorposten, die 200 Jahre später als Festung oder Fort bezeichnet worden wären. Handelswege wurden gesichert, Zölle erhoben und Grenzen geschützt. Seine Wohnung hatte ein Hamburger Bürger in der Stadt.

Die Burgen, die die Hamburger um 1400 erbauten, waren Turmburgen. Sie waren zumeist von einem Wall umgeben und wurden in Fachwerk wie die Moorburg oder aus Backstein wie die Türme auf Neuwerk, in Cuxhaven und Harburg errichtet. Sind sie an der deutschen Küste auch einzigartig, gehören sie doch in den Kontext der friesischen Häuptlingsburgen und niederländischen Motten oder weiter gefasst in den Kontext der festen Häuser der niederdeutschen Tiefebene. Die Turmburg bleibt im Großraum Hamburg noch bis in die erste Hälfte des 16. Jahrhunderts in Funktion und wird erst dann von rechteckigen Burg- bzw. Schlossanlagen abgelöst. Die städtischen Bauten hatten ein sonst nicht erreichtes Niveau und stellten eine besondere Ausformung des Donjons dar.

Ringmauerburgen, die auch im Raum Hamburg überwogen, wurden von der Stadt kaum errichtet. Ausnahme ist die gemeinsam mit Lübeck errichtete Anlage in Bergedorf. Auch die ehemaligen Burgen des Adels in Barmstedt, Haseldorf und Gülzow oder die Hatzburg bei Wedel waren keine Turmburgen. Das konkrete Aussehen dieser Bauten im 15. Jahrhundert ist jedoch unbekannt.

Allgemeine Entwicklung von 1460 bis 1640

Erst relativ spät gelang es dem Adel in Holstein, sich von der übrigen Bevölkerung abzusetzen und eine eindeutige Vorrangstellung zu erlangen. Erst um 1400 wurden die Bauern aus den Landtagen verdrängt. Im 16. Jahrhundert setzte sich nördlich der Elbe bis auf Hamburg und Lauenburg die Leibeigenschaft durch. Um 1600 gab es fast keine freien Bauern mehr in Holstein. Ab dem 15. Jahrhundert stiegen die niederadligen Familien in die Ritterschaft auf und schlossen mit den Altadligen gleich. In diesem Zeitraum erfolgte in Holstein der Wandel von der Grund- zur Gutsherrschaft. Diese Entwicklung wirkte sich auch auf die Bauten des Adels aus.

In dieser Zeit wurde die Expansion der Städte gestoppt, die sich seit dem Beginn des 16. Jahrhunderts in einem Abwehrkampf gegen die Landesherren befanden. Hamburg, das auf eigenen Besitz gesetzt hatte, konnte diesen weitgehend behalten, Lüneburg, das eine Pfandherrschaft aufgebaut hatte, fiel auf den Status einer Landstadt zurück. Der Landesherrschaft gelang es im 17. Jahrhundert ferner, sich gegenüber dem Adel massiv durchzusetzen.

Am Beginn dieser Entwicklungen stand in Holstein 1460 die Wahl König Christians I. von Dänemark aus dem Hause Oldenburg zum Herzog von Schleswig und Grafen von Holstein. Er musste den Ständen dafür bestätigen, dass diese Länder ungeteilt zusammen bleiben sollten. 1474 wurde die Grafschaft Holstein zum Herzogtum erhoben. Trotz der Zusicherung, Schleswig und Holstein nicht zu teilen, kam es bereits 1490 zu einer ersten Landesteilung, die aber nur die Einkünfte aufteilte. Johann wurde König von Dänemark, Friedrich Herzog in Holstein und Schleswig. Der Versuch von Johanns Nachfolger, König Christian II., den Adel zu schwächen, führte 1523 zu seinem Sturz unter Herzog Friedrich, der vom Adel unterstützt wurde. Friedrich wurde 1524 König und gewährte der schleswig-holsteinischen Ritterschaft als Dank für die Unterstützung weitgehende Privilegien. So wurden die für diesen Raum typischen Güter 1524 zu einem festen Rechtsbegriff in der Landesverfassung.

Einen wichtigen Einfluss auf die Entwicklung der Schlösser und Herrenhäuser hatte ferner die unter König Friedrich I. 1529 eingeführte Reformation. Häufig wurde Kirchenbesitz umgewandelt zu Schlössern oder Gütern wie beispielsweise Reinbek und Ahrensburg. 1544 erfolgte eine erneute Teilung von Schleswig und Holstein in einen herzoglichen und einen königlichen Anteil – gegen den Willen der Stände. Es entstanden allmählich zwei Zentralverwaltungen, die zunehmend unabhängig und im 17. Jahrhundert sogar gegeneinander agierten. Der Gottorfer Staat bildete sich heraus. Die Güter wurden nicht aufgeteilt, sondern unterstanden beiden Herren gemeinsam. Das stärkte ihre Unabhängigkeit. 1717 erfolgte die Einteilung der adligen Güter in Güterdistrikte. Erst 1867 unter Preußen wurden die Güterdistrikte wieder aufgelöst.

Schlösser, Festungen, Herrenhäuser und Landhäuser von 1460 bis 1640
In dieser Zeit bildeten sich jene Bauaufgaben heraus, die wir noch heute im Großraum Hamburg antreffen: Herrenhäuser, Schlösser und Landhäuser. Spätestens seit 1524 war ein Gut etwas anderes als ein großer landwirtschaftlicher Betrieb. Die damals erhaltenen Privilegien gaben den Gutsbesitzern die volle Gerichtsbarkeit über ihre Untertanen, Steuerfreiheit und ein adliges Landgericht. Als Folge davon wurden die Bauern unfrei. Sie wurden enteignet, konnten beliebig bestraft und bei einer Flucht gejagt und wieder zurückgeholt werden. Persönliche Unfreiheit und Besitzlosigkeit, unbegrenzte Dienstpflich-

ten und eine feste Bindung an die ihnen vom Gutsherrn zugewiesene Hofstelle waren ihr Los. Ab 1614 mussten Städte die Bauern wieder ausliefern, die in ihnen Schutz gesucht hatten. 1652 änderte sich der Status der Güter dahingehend, dass von nun an die besonderen Rechte des Gutsbesitzers wie Hohe Gerichtsbarkeit, Steuerfreiheit, Zollfreiheit im Lande und das alleinige Jagdrecht an den Gütern selbst hafteten. Ein Gut war also ein landwirtschaftlicher Betrieb mit einer besonderen Rechtsstellung. Häufig war er auch der Hauptwohnsitz seines adligen Besitzers und ist meist aus einem alten Rittersitz hervorgegangen. Neben den Rittern gab es jedoch auch edelfreie Familien, die ursprünglich selbst Eigentümer ihres Landes waren. Sie besaßen Allodialgüter, die ehemals unfreien Ritter Lehngüter. Seit Beginn des 16. Jahrhunderts gehörten sie alle der Ritterschaft an.

Die Güter mussten nicht unbedingt am Platz der alten Burgen stehen. Vielmehr wurden seit der Zeit um 1500 viele Burgplätze verlegt, da die alten Standorte, die oft unter einem Sicherheitsaspekt gewählt worden waren, keine Ausdehnungsmöglichkeiten boten. Der Bevölkerungszuwachs jener Zeit hatte die Nachfrage nach landwirtschaftlichen Produkten gehoben und die neuen großen Landbesitzstände, die nach dem Aussterben vieler Familien und der Aufhebung der Klöster zustande gekommen waren, erforderten eine neue Art der Bewirtschaftung. Zuerst entstanden neue Wirtschaftshöfe, dann neue Herrenhäuser.

Das Herrenhaus war der Mittelpunkt eines Guts. Anfänglich waren die Häuser sehr schlicht gestaltet, teilweise setzten sie sich aus zwei Häusern mit Satteldach zusammen – man spricht dann von einem zweifachen Parallelhaus – oder aus drei Häusern – einem dreifachen Parallelhaus –, die an den Traufseiten aneinander stießen. Beispiele für derartige Bauten stehen in Jersbek oder Ahrensburg. Später glichen sich die Bauten den internationalen Typen an. Bereits Mitte des 16. Jahrhunderts gab es erste Dreiflügelanlagen wie in Wandsbek. Im 18. Jahrhundert erreichte die Bauaufgabe künstlerisch ihren Höhepunkt.

Der landwirtschaftliche Betrieb mit dem Wirtschaftshof gehörte zu einem Gut dazu und war dem Herrenhaus bis auf wenige Ausnahmen vorgelagert. Genauso wie Garten und Herrenhaus eine Einheit bildeten, waren Herrenhaus und Wirtschaftshof untrennbar miteinander verbunden. Die Größe der Wirtschaftsbauten mit Scheunen und Ställen war ein Spiegel der Größe des Guts und damit des Reichtums seines Besitzers. Sie sind daher durchaus als repräsentativ zu bezeichnen. Zu einem Gut gehörten aber auch eigene Wohnungen für die Landarbeiterfamilien, gab es doch eine Conservationspflicht des Gutsherrn gegenüber den Bauern auf den Gütern. Stiftungen, Legate, Armenhäuser legen davon ein Zeugnis ab.

Teilweise gehörten zu den Gütern auch Meierhöfe. Sie wurden aus wirtschaftlichen Gründen eingerichtet, wenn ein Gut räumlich zu ausgedehnt war, um die Erträge der entfernter gelegenen Gebiete zentral zu lagern und zu verarbeiten. Es handelte sich sozusagen um Nebenhöfe. Die Bauern hatten ihre Dienstpflichten am Meierhof abzuleisten. Eine derartige Anlage stand etwa in Grabau, das Borstel zugeordnet war.

Die Haupthäuser großer landwirtschaftlicher Betriebe werden häufig als Gutshäuser bezeichnet. Gehören sie auch nicht zu einem Gut, stellt jedoch diese Bezeichnung im Gegensatz zum Herrenhaus klar, dass der Besitz mit keinen besonderen Rechten verbunden war.

Ebenso sind die Schlösser von den Herrenhäusern zu unterscheiden. Während der Begriff Haus auf die Bauten des Adels bezogen wird, ist der des Schlosses landesherrlichen Bauten vorbehalten. Es gibt Residenzschlösser, Jagdschlösser und Lustschlösser, um die wichtigsten zu nennen. Zumeist besitzen die Bauten keine Wirtschaftshöfe und sind auch nicht Bestandteil eines Gutsbetriebes. Sie verfügen jedoch über Vorwerke, die der Versorgung des Schlosses dienten.

Auch der Anspruch an landesherrliche Bauten wandelte sich im 16. Jahrhundert. Dies lag zum einen an gewandelten Repräsentationsbedürfnissen, zum anderen an geänderten funktionalen Anforderungen. Aus Italien kommend setzte sich die internationale Sprache der Säulenordnungen durch. Säulenordnungen sind im Gegensatz zu anderen Säulen oder Stützelementen die klassischen antiken Säulen Toskana, Dorika, Jonika, Korinthia und Komposita. Sie wurden zum vorherrschenden Element der Fassaden- und Innenraumgestaltung von Bauten. Da sie nicht nur unterschiedliche Proportionen hatten, sondern auch einer Rangfolge entsprechend mit verschiedenen Bewertungen verbunden wurden, war es mit diesem Gestaltungselement möglich, einem kundigen Betrachter zu vermitteln, welche Stellung ein Gebäude, ein Stockwerk oder ein Eingang hatte. Die aufsteigende Abfolge von toskanischer, dorischer, ionischer, korinthischer und kompositer Ordnung war unveränderlich. Ein Stall erhielt als niederes Gebäude keinen Schmuck mit Säulenordnungen oder lediglich eine Toskana. Die Residenz eines Königs oder ein Geschoss des Schlosses, in dem er wohnte, verlangte nach einer kompositen Ordnung. Bei einer Gebäudegruppe hatten rangniedere Bauten eine niedrigere Ordnung als der Hauptbau.

Im Großraum Hamburg gab es nur wenige Schlösser. Zu diesen gehörten das heute restlos verschwundene Schloss in Pinneberg, die fast ebenso verlorene Residenz in Harburg und die Schlösser in Reinbek und Winsen.

Landhäuser sind von Schlössern und Herrenhäusern zu unterscheiden. Es handelte sich um bürgerliche Wohnungen auf dem Lande, die dem sommerlichen Aufenthalt des Städters dienten. Hier gab es keinen landwirtschaftlichen Betrieb und das Haus war auch nicht Hauptwohnsitz seines Besitzers.

Die Landhausbewegung entstand in Hamburg um 1600, gelangte aber erst 200 Jahre später zur Blüte. Als Mitte des 16. Jahrhunderts vermehrt der Zuzug von Glaubensflüchtlingen nach Hamburg begann, waren unter ihnen auch viele Niederländer, die sich bevorzugt in den Marschlanden niederließen, einer Region, die ihrer alten Heimat glich. Es war nicht selbstverständlich, dass in Zeiten von Reformation und Gegenreformation sowie Dreißigjährigem Krieg – der ja anfänglich ein Glaubenskrieg war – Andersgläubige in einer Gemeinschaft geduldet wurden. Hamburg verdankt den Fremden wirtschaftliche Kontakte nach ganz Europa, eine geistige Offenheit und kulturelle Anregungen, die auch in der Architektur ihren Niederschlag fanden.

Wie der Adel baute auch die Stadt Hamburg keine Burgen mehr. Vielmehr beschränkte sich die Stadt auf den Ausbau der bestehenden Anlagen. Entsprechend ihrer Funktion als Vorposten entwickelten sich die Bauten immer mehr zu Festungen. Festungen waren Anlagen zur Verteidigung gegen Feuerwaffen mit Feuerwaffen. Sie konnten einen Angriff also nicht nur abwehren, sondern waren auch zu einer selbstständigen Kampfführung fähig.

Seit dem 16. Jahrhundert wurden Mauern vermehrt durch Erdwerke ersetzt, da Geschosskugeln in der Erde versackten, während sie eine Mauer durchschlugen. Wichtig wurde die Verteidigung der Mauer bzw. des Walls. Um ein Ersteigen der Befestigung zu verhindern, musste jeder Bereich einsehbar und mit Waffen zu bestreichen sein. Es bildete sich das System der Bastionen heraus. An ihren geraden Linien gab es keinen Bereich, der nicht von einem bestimmten Punkt der Festung aus mit Kugeln bestrichen werden konnte.

Anfänglich wurden für Festungen noch Türme und runde Formen verwendet. Um 1467 erfolgte der Ausbau der Anlage in Bergedorf. 1512 entstand dort ein Geschützturm. Die Moorburg wurde ebenfalls modernisiert, jedoch mit Erdwerken und Bastionen. Die Stadt Hamburg selbst wurde von 1615 bis 1626 zu einer der stärksten Festungen Deutschlands ausgebaut. Johan van Valckenburgh aus den Niederlanden entwarf einen neuen Verteidigungsring mit 22 Bastionen. Im Dreißigjährigen Krieg galt Hamburg als uneinnehmbar. Nach dem Absterben der Herzöge von Harburg wurde von 1644 bis 1660 auch die Horeburg zu einer modernen Befestigung ausgebaut.

Allgemeine Entwicklung von 1640 bis 1840

Auch nach dem Dreißigjährigen Krieg kehrte im Raum Hamburg kein Frieden ein. Zu den vielen internationalen Kriegen, von denen die Region betroffen war, kamen andauernde Streitigkeiten mit Dänemark, das die Unabhängigkeit der Stadt nicht anerkennen wollte. 1668 mussten die Festungswerke Hamburgs eine Belagerung durch die Dänen abwehren. Erst der Gottorfer Vergleich regelte 1768 endgültig das Verhältnis zu Dänemark und brachte die Anerkennung als freie Reichsstadt durch den dänischen König.

Die territoriale Konstellation im Raum Hamburg brachte es mit sich, dass die Region zwar oft von Kriegen betroffen war, Hamburg aber als neutraler Ort dringend benötigt wurde. Während im Norden der König von Dänemark herrschte, waren es auf der anderen Seite der Elbe im Westen bis 1712 die Schweden. Ab 1714/ 15 herrschte hier wie im Süden und Osten von Hamburg der König von England. Im Rahmen dieser Kriege stand das Gottorfer Herzogshaus häufig auf der Seite der Verlierer und verließ bis 1773 Schleswig und Holstein. Damit war die Teilung des Landes aufgehoben und der dänische König war wieder alleiniger Herrscher.

Für die Güter war die gesetzliche Abschaffung der Leibeigenschaft 1805 ein wichtiger Einschnitt. Sie hatte jedoch auch zuvor kaum noch bestanden. Bereits 1739 und 1743 war sie auf den ersten Gütern in Holstein aufgehoben worden. Doch wollten die Hufner teilweise – wie in Ahrensfelde bei Ahrensburg – nicht in die persönliche und wirtschaftliche Freiheit entlassen werden. Denn damit entfiel auch die Fürsorgepflicht des Gutsherrn. Daraufhin wurden Erbpachtstellen eingerichtet. Einer der ersten Gutsherren, der dies umsetzte, war 1779 bis 1785 der Besitzer von Jersbek, Paschen von Cossel. Die Gutsherren mussten jetzt Landarbeiter anwerben und Unterkünfte für diese bereitstellen.

Herrenhäuser und Landhäuser von 1640 bis 1840

Die Friedensperiode seit 1714/21 führte zu einer Blüte der Herrenhauskultur, die zusammenfiel mit einer hochentwickelten internationalen Kultur des Adels, die noch keinen Nationalismus kannte. Ende des 18. Jahrhunderts erfolgte eine Angleichung der Wirtschaftsbauten an die Herrenhäuser oder sogar der Herrenhäuser an Schlossbauten, indem – wie in Borstel – die Wirtschaftsbauten abseits errichtet wurden. Das Innere der Herrenhäuser und Schlösser erfuhr eine starke räumliche Differenzierung. Die internationale Kultur des Adels verlangte nach getrennten und gleichwertigen Raumfolgen für Mann und Frau. Ein so genanntes Appartement hatte aus mindestens vier Räumen zu bestehen: einem Vorzimmer, einem Hauptraum, einem Schlafzimmer und einer angrenzenden Garderobe. Meist folgte ein Kabinett am Ende der Zimmerreihe. Wenn möglich schuf man verschiedene Verkehrswege für die Herrschaft und das Personal, indem man in den Wänden Flure und Treppen anlegte, die das Personal zu benutzen hatte, um nicht dieselben Wege zu nehmen wie die Herrschaft.

Jetzt entstanden an den Herrenhäusern auch großartige Gartenanlagen in einem internationalen Stil auf höchstem Niveau wie in Seestermühe und Jersbek. Sie blieben bis heute in noch beeindruckenden Resten erhalten.

In Hamburg entwickelten die Bürger in engem Austausch mit dem Adel nach dem Dreißigjährigen Krieg eine einzigartige Landhauskultur. Sie veranlasste bereits 1663 den venezianischen Grafen Galeazzo Gualdo Priorato zu einem Bericht über die unzähligen Gärten vor den Toren der Stadt. Neben den bereits genannten Niederländern spielten hierbei auch die Engländer eine wichtige Rolle. Bevorzugt errichteten die Hamburger ihre Landsitze und Gärten im Osten und Südosten der Stadt auf dem Geestrücken bis Hamm und Horn sowie in den Marschlanden, aber auch in der Gegend von Eppendorf, Eimsbüttel und Winterhude. Die Anlagen entwickelten sich im Laufe der Zeit zu Sommersitzen. Um 1790 hatte fast jedes Senatsmitglied ein Sommerhaus vor der Stadt. Bis in das 19. Jahrhundert war die Gartenlandschaft mit ihren Lust- und Gartenhäusern um die Stadt berühmt.

Von dieser frühen Landhauskultur blieben nur wenige Reste erhalten. Zumeist wurden T-Häuser errichtet. Das sind Gebäude, die sich aus einem Niedersächsischen Hallenhaus und einem zweigeschossigen Wohnhaus zusammensetzen. Der zweigeschossige Bau steht mit seiner Traufe gegen den Giebel des Hallenhauses, so dass die Grundrissform eines „T" entsteht. In Hamburg hat sich ein später Bau von 1798 an der Elbchaussee 388 erhalten. Vor allem aber findet man diese Häuser noch in den Marschlanden, von denen das so genannte Glockenhaus in Billwerder restauriert ist. Nicht nur die Hamburger bevorzugten derartige Bauten, man findet sie auch bei adligen Bauherren im Alten Land.

Der Gottorfer Vergleich von 1768 war eine wichtige Grundlage für die nun im Westen Hamburgs einsetzende Landhauskultur. Nachdem das Verhältnis zu Dänemark geklärt war, erwarben Hamburger vermehrt Grundbesitz im holsteinischen Ausland. Ferner fand ab 1768 die 1823 abgeschlossene „Verkoppelung" statt. Mit der Landreform in Dänemark von 1771 wurde die alte Flurverfassung aufgehoben und das Ackerland eine Handelsware. Somit war ein großflächiger Kauf und das Herauslösen aus der Bewirtschaftung möglich. Da in dieser Zeit der Landschaftsgarten seinen Siegeszug antrat, war die Voraussetzung geschaffen, die benötigten Flächen auch tatsächlich zu erwerben.

Bereits 1766 begann in Hamburg unter dem Einfluss der hier wohnenden Engländer die Anlage von Landschaftsgärten. Zwischen 1780 und 1810 wurde das Elbufer westlich von Hamburg fast durchgängig mit modernen Parks überzogen. Der Ausblick auf die Elbe und die hügelige, gewellte Landschaft trugen dazu bei. So wurde im 19. Jahrhundert der Westen Hamburgs bevorzugter Standort für Landsitze. Der Hauptwohnsitz befand sich nach wie vor in der Stadt. Die Parks waren größtenteils der Öffentlichkeit zugänglich. Die reichen Kaufleute pflegten hier ein geselliges Leben in der Sommerzeit. Auch Gärten von Gütern wie in Wandsbek standen der Allgemeinheit offen und konnten besucht werden.

Die Anlagen an der Elbchaussee mit dem Jenisch- und dem Hirschpark sind ein letzter Nachhall jener Zeit. Zwar wurden auch im Osten Hamburgs neue Landhäuser errichtet, doch sind die Bauten größtenteils zerstört. Die Stadt Hamburg pflegte Ihre Anlagen weniger als die ehemals selbstständige Stadt Altona.

Die Zeit um 1800 ist die große Zeit des Architekten Christian Frederik Hansen in Hamburg und Dänemark. Er schuf mit seinen Land- und Herrenhäusern im Westen Hamburgs Höhepunkte klassizistischer Architektur in Deutschland. Er bediente sich dabei des in Dänemark gängigen Formenrepertoires, das stark von der englischen Architektur der Brüder Adam beeinflusst war.

1804 hatten die Hamburger ihre Festung offiziell aufgegeben und mit der Anlage von Parks begonnen. Als 1806 das Ende des Alten Reichs gekommen war und Kaiser Franz die Kaiserkrone niederlegte, war Hamburg bereits von den Franzosen besetzt und bald auch in das Kaiserreich Frankreich eingegliedert. Die Besatzer reaktivierten die Befestigungen 1813/14 und ließen alle Bauten im näheren Umfeld der Stadt zerstören, um ein freies Schussfeld zu schaffen. Dieser Maßnahme fielen zahlreiche Landhäuser im Norden und Osten der Stadt zum Opfer.

Nach 1815 trat Hamburg dem Deutschen Bund bei und knüpfte an seinen alten Traditionen an. Die Landhäuser wurden nach wie vor in einem nordisch geprägten Klassizismus erbaut, die Kultur hatte sich aber geändert. Man achtete jetzt stärker auf eine Trennung von privater und gesellschaftlicher Sphäre. Der öffentliche Zugang der Parks war kaum mehr möglich.

Allgemeine Entwicklung nach 1840
Die Zeit nach 1840 war von großen gesellschaftlichen Unruhen geprägt, die letztendlich die rechtlichen und wirtschaftlichen Grundlagen für Schlösser, Herrenhäuser und Landhäuser vernichteten. Anfänglich schien nur Dänemark davon betroffen zu sein, wo in den Herzogtümern Schleswig und Holstein bereits seit 1830 Revolutionen und Aufstände stattfanden, die eine Loslösung von Dänemark zum Ziel hatten. Nach dem kampflosen Abzug der Dänen aus Holstein

1864 – Schlachten fanden in Schleswig und Jütland statt – und dem folgenden Deutsch-Deutschen-Krieg wurden Holstein und Hannover Preußische Provinzen.

Hamburg konnte nur knapp einem Anschluss an Preußen entgehen, doch brachen die jahrhundertealten Verbindungen nach Dänemark ab. Die Preußen beseitigten annähernd alle alten Rechte der Güter und hoben die Güterdistrikte auf. Da die Güter aber nicht Gemeinden zugeordnet wurden, blieb der Gutsbesitzer in seinem Gutsbezirk weiterhin die Obrigkeit, zumindest auf der untersten Verwaltungsebene.

In der Weimarer Republik fand die Entwicklung ihr Ende. Schlösser gab es keine mehr, da es auch keine Landesherren mehr gab. Fideikommisse, in denen viele Adlige und Bürger ihre Güter und Landsitze eingebracht hatten, wurden verboten und nach dem Ersten Weltkrieg sahen sich zahlreiche Familien in der Inflationszeit genötigt, ihren Besitz zu veräußern.

Spätestens jetzt wurden annähernd alle großen Parks, die untrennbarer Bestandteil eines Landhauses waren, parzelliert und bebaut. Bauten, die den Nutzungswandel zum Hauptwohnsitz im 19. Jahrhundert überlebt hatten, wurden vor allem in der Zeit der Weltwirtschaftskrise abgebrochen. Nur knapp gelang es der Stadt Altona, einige Anlagen zu erwerben und zu erhalten wie den Jenischpark mit dem Jenischhaus – heute Inbegriff hanseatischer Landhaus- und Wohnkultur.

1928 war auch das Ende der Güter gekommen. Die Gutsbezirke wurden per Gesetz aufgelöst, die Güter den benachbarten Landgemeinden zugeschlagen. Seither sind Güter nur noch große landwirtschaftliche Betriebe.

Landhäuser und Villen nach 1840
In Hamburg setzte in der zweiten Hälfte des 19. Jahrhunderts verstärkt ein Umzug auf das Land ein. Spätestens nach dem großen Hamburger Brand von 1842, der einen Großteil der Innenstadt vernichtet hatte, verstärkte sich das Bestreben, dauerhaft in den Vororten zu wohnen. Die innerstädtischen Wohnungen wurden aufgegeben und so genannte Villen bezogen. Erste derartige Bauten sind die Gebäude am Harvestehuder Weg 5-6, die 1848/ 49 für Robert M. Sloman und C. A. Ascan Lutteroth in neugotischen Formen errichtet wurden. Mit ihrem Architekten Jean David Jolasse, der 1842 nach Hamburg gekommen war, zog die Neugotik im Stil der Tudorgotik in Hamburg ein. Die lange Vorherrschaft des dänisch geprägten Klassizismus war gebrochen. Immer häufiger fanden jetzt gotische Stilelemente Verwendung, besonders an den Villen um die Alster. Aber auch große Landhäuser – etwa das von Johann Heinrich Strack für Bernhard Donner in Ottensen 1856/57 errichtete Landhaus Donner (1943 zerstört) oder der Landsitz „Beausite", 1855 für Senator Gustav Godeffroy neben dem Hirschpark neogotisch/englisch wie eine Ritterburg erbaut (1935 abgebrochen) – bedienten sich dieser Formensprache, zeigten Türmchen und Fialen. Die Land-

häuser der Hamburger näherten sich den vermeintlichen Idealbildern spätmittelalterlicher Ritterburgen an. Es gab sogar kleine Staffagebauten mit burgenartigem Aussehen wie die Henneburg in Poppenbüttel. Auch neobarocke Bauten kamen seit Mitte des 19. Jahrhunderts hinzu oder sogar so genannte Schweizerhäuser wie der Hammer Hof 1863 (1943 zerstört). Der traditionelle, klassizistisch geprägte Landhaustyp blieb aber vorherrschend.

Doch galt nun der traditionelle Säulenkanon, der fast 300 Jahre der Maßstab für repräsentative Architektur gewesen war, nicht mehr ausschließlich. Bei der Verwendung historischer Formen der Gotik musste zwangsläufig auf Säulen verzichtet werden. Diese Bauten erhielten dafür teilweise eine Fülle an Ornamenten und Skulpturen, aber auch Schrifttafeln. Genauso wie eine mit Säulenordnungen gestaltete Fassade kann auch diese gelesen werden, das System ist jedoch komplexer und allgemeiner. Der assoziative Charakter einer Fassade durch bauliche Hinweise auf die Geschichte der Burgen- und Schlossarchitektur bekräftigte den Rang des Gebäudes bzw. seines Besitzers. In der Wahl ihrer Mittel glichen sich Schloss, Gutshaus, Landhaus und auch Villa einander an.

Seitdem 1860/61 die Torsperre von Hamburg aufgehoben worden war, nahm die Besiedlung außerhalb der alten Stadt sprunghaft zu. Die Hamburger zogen nun auch beständig auf ihre Landsitze, die sich damit von Sommersitzen zu repräsentativen Hauptwohnsitzen wandelten. Dabei beschränkte sich der Aktionsradius der Hamburger nicht nur auf das nähere Umfeld der Hansestadt. Die Familie Parish etwa besaß neben ihrem Landhaus in Nienstedten adlige Güter in Ruhleben/Holstein, Gottin/Mecklenburg und Senftenberg/Böhmen. Mit der Umnutzung zu dauerhaften Wohnsitzen ergaben sich jedoch auch große Probleme. Die Bauten mussten winterfest gemacht werden und man benötigte mehr Zimmer. Wenn eine Modernisierung nicht nötig war, erfolgte ein Abbruch mit anschließendem Neubau.

Zusammenfassung

Auf dem Gebiet der Freien und Hansestadt Hamburg sowie in ihrem Umland standen zahlreiche Burgen, von denen zum Teil noch ansehnliche Reste erhalten sind. Die Gestalt der Burgen war nach Lage und Bauart vielfältig. Es gab ausgesprochene Gipfelburgen wie auf dem Süllberg oder in Rönneburg, viele Wasserburgen wie die Horeburg oder in Bergedorf. Die Burgen lagen auf Geestzungen oder Dünen wie die Spökelburg oder

Wilhelmsburg, in Tälern oder auf Inseln wie die „Curia in Rodenbeke" oder die Riepenburg. Die meisten Burgen im Hamburger Raum hatten keine Wohnfunktion für ihren Burgherrn, sondern dienten dem Schutz von Wegeverbindungen bzw. Handelswegen oder der Absicherung eines Herrschaftsbereiches, der sein Zentrum außerhalb Hamburgs hatte. Dynastenburgen gab es nur wenige, wie etwa die Burg der Groten.

Beeindruckend ist die Fülle an Herrenhäusern und Landhäusern, die sich in großer Zahl im Großraum Hamburg in hoher Qualität erhalten haben. Aus allen Jahrhunderten sind Zeugnisse erhalten, wobei die Bauten Christian Frederik Hansens im Westen einen Höhepunkt darstellen. Standen die Bauten anfänglich in der Ebene und verfügten über große Gärten, wurde um 1800 im Zuge der Landschaftsgärten das gewellte Gelände der Elbhänge bevorzugt. Schlossbauten gab es nur wenige. Die Residenz in Harburg ist nahezu vernichtet und die heute als Schlösser bezeichneten Anlagen in Ahrensburg und Bergedorf waren ein Herrenhaus oder eine Burg bzw. Festung. Mit dem Schloss in Reinbek hat sich jedoch eine bemerkenswerte frühe Dreiflügelanlage erhalten.

Im Zentrum von Hamburg

Im Zentrum von Hamburg stehen heute keine Burgen mehr. Im Mittelalter gab es zwischen dem 7. und 11. Jahrhundert mindestens sechs derartige Anlagen. Die genaue Lage der für Hamburg wichtigsten Burg, der Hammaburg, ist jedoch unbekannt. Auf dem Speersort im Zentrum der Stadt, wo die Hammaburg bislang vermutet wurde, standen zwar nacheinander zwei Burgen, jedoch nicht zur Zeit der Erstnennung der Hammaburg. Direkt neben dem Speersort wurde später ein Turm errichtet, der als Bischofsburg bezeichnet wird. Unter dem Rathaus fanden sich die Reste einer weiteren Turmburg, der Alsterburg, und dort, wo sich heute die Ruine der Nikolaikirche erhebt, stand die so genannte Neue Burg. Die Lage der Wiedenburg ist unbekannt, wahrscheinlich war sie in der Nähe des heutigen Chilehauses gelegen. Auch im Stadtteil Rotherbaum soll ehemals eine Burg gestanden haben. Hierzu gibt es einen Eintrag auf einem Plan von 1652 auf der Höhe der Rabenstraße: „Platz, darauff ein Burg soll gestanden haben".

Die eigentliche Geschichte Hamburgs beginnt 822 n. Chr., als die Franken die Burg Delbende errichteten. 804 hatte Karl der Große Nordalbingen an die Obodriten abgetreten, das Territorium aber bereits 810 wieder seinem Reich eingegliedert. Bei der Erhebung zum Bistum im Jahre 831 wurde die Anlage bereits Hammaburg genannt. 832 wurde Hammaburg Erzbistum, was die damalige Bedeutung der Burg verdeutlicht. Der neue Bischofssitz erhielt Münz-, Markt- und Zollrecht. Hamburg wurde das Missionszentrum für den Norden. Doch schon 845 zerstörten Dänen die Anlage. Das Bistum wurde 847/48 mit Bremen vereinigt und der Bischofssitz dorthin verlegt. Die Stadt bestand weiter, die Siedlung wuchs, die Geschichte der Burg aber war hiermit beendet.

906 erhielten die sächsischen Herzöge die oberherrlichen Befugnisse über Nordelbien. Die Stadt Hamburg war aufgrund ihrer Grenzlage oft Ziel von Angriffen. 983 wurde sie von Slawen zerstört. Gegen die Herzöge versuchten die Erzbischöfe, ihre Stellung zu halten und so rückte Hamburg ab 1013 nochmals in den Mittelpunkt ihrer Interessen. Die Billunger Herzöge besaßen zwar die Grafengewalt in Holstein und Stormarn, was Hamburg prinzipiell einschloss, der Bereich Hamburgs und der Domimmunität waren allerdings ausgeschlossen. Hamburg sollte zum Zweitsitz ausgebaut werden. Nach 1020 ließ Erz-

bischof Unwan erneut ein Hamburger Domkapitel konstituieren und einen hölzernen Dom errichten. Erzbischof Bezelin Alebrand ließ zum Schutz der Stadt den so genannten Heidenwall anlegen. Sein Plan einer Stadtmauer mit zwölf Türmen wurde nicht ausgeführt, der Heidenwall dagegen noch bis in das 13. Jahrhundert immer wieder verstärkt. Bezelin ließ sich jedoch ein mit Turm und Zinnen versehenes Gebäude errichten, das den Sachsen-Herzog Bernhard II. Billung (Amtszeit 1011 bis 1059) zum Nachahmen „anstachelte", wie Adam von Bremen 1072 schreibt. Der feste Wohnturm des Erzbischofs und die so genannte Alsterburg Herzog Bernhards II. sind in der Entwicklung der Burgen des Hamburger Raums wichtige Bauten, da es sich um erste Steinburgen handelte. Zudem trat mit dem Bischofsturm, einer Turmburg, ein neuer Burgtyp in der Region auf.

Bezelins Nachfolger Bischof Adalbert wurde 1053 Legat des Nordens, war Vormund Kaiser Heinrichs und leitete von 1063 bis 1066 die Reichspolitik. Zu seinen ehrgeizigsten Plänen gehörte die Errichtung eines norddeutschen Patriarchats. Parallel betrieb er den Ausbau und die Sicherung des Erzstifts Bremen durch den Bau von Burgen. 1060 ließ er eine Burg auf dem Süllberg bei Blankenese errichten. Es handelt sich um eine der wenigen Höhenburgen im Hamburger Raum. Der Süllberg ist mit 75 Metern die höchste Erhebung über Elbe und Elbübergang. Die in der angeschlossenen Propstei lebenden Geistlichen betätigten sich jedoch schon bald als Räuber. Daher wurde die Burg bereits 1063 zerstört. Über Aussehen und Größe der Anlage gibt es leider keine Informationen.

Gegen Adalbert wurde 1061 die so genannte Neue Burg durch Herzog Ordulf errichtet. Die eher altertümliche Wallanlage befand sich an strategisch günstiger Stelle am rechten Alsterufer. Sie hatte einen Durchmesser von ca. 100 Metern. Das Wallinnere ruhte auf einem starken Holzrost. Bereits 1066 wurde sie von den Slawen zerstört. 1139 wurde auch die Alsterburg zerstört. Seither verfügte der Landesherr über keinen festen Platz mehr in der Stadt Hamburg.

Nun waren es die Stadt Hamburg oder ihre Bürger, die herrschaftliche Architekturen errichteten. Burgen gehörten nicht dazu. Vielmehr erbauten sich die Hamburger Bürger außerhalb der Stadt ihre Lust- und Sommersitze. Anfänglich entstanden auch in der Stadt selbst große Gärten wie etwa Anckelmanns Garten, der international berühmt war. Im Laufe der Zeit wurde der Raum in der Stadt jedoch immer knapper, so dass Gärten nur noch außerhalb des Wallrings angelegt wurden. Bevorzugte Regionen waren Harvestehude-Rotherbaum und die Gebiete im Osten der Stadt mit St. Georg und Hamm. Gerade an der Alster entstanden zahlreiche Gärten, die größtenteils erst nach Aufhebung der Torsperre mit Wohnhäusern bebaut wurden. Auch die seit dem Ende des 18. Jahrhunderts vermehrt an der Alster errichteten Sommerhäuser gingen verloren, da die französische Besatzungsmacht ein freies Schussfeld vor den Befestigungen haben wollte.

Nur in den weiter entfernten Stadtteilen haben sich derartige Bauten erhalten. In Hamburg-Großborstel steht in der Frustbergstraße 4 das Stavenhagenhaus aus dem frühen 18. Jahrhundert. Die 1631 erstmals genannte Hofstelle wurde 1702 von Eybert Tieffbrunn gekauft. Tieffbrunn ließ hier ein neues Sommerhaus errichten. Noch heute ist sein Wappen zusammen mit der Jahreszahl 1703 über dem Werksteinportal an der Nordseite des Hauses erhalten. 1793 gelangte das Haus an Elisabeth Gossler, die das Obergeschoss ausbauen ließ. 1929 übernahm die Stadt Hamburg das Gebäude und ließ es von 1960 bis 1962 renovieren. Der zweigeschossige unverputzte Ziegelbau wird von einem eingeschossigen Wirtschaftsbereich ergänzt. Der Hauptbau ist aufwändig gestaltet, zählt sieben Achsen und wird von einem dreiachsigen Mittelrisalit mit Dreiecksgiebel geschmückt. Er ist ein typisches Beispiel der hamburgischen Landhausarchitektur des 18. Jahrhunderts, da im Gegensatz zu den T-Häusern Wohn- und Wirtschaftsbereich nicht streng voneinander getrennt waren.

An der Ludolfstraße 19 in Hamburg-Eppendorf stehen die Reste des Willschen Palais. Das Fachwerkgebäude wurde wohl 1727 erbaut und erhielt 1813 und 1820 winkelförmige Anbauten in Backstein. Der Bau erinnert an die Zeit, als Eppendorf Sommersitz wohlhabender Hamburger Bürger war. Der Ursprungsbau ist ein zweigeschossiger massiver Backsteinbau von zwei auf drei Achsen, der durch korinthische Sandsteinpilaster gegliedert wird. Er hat ein abgewalmtes Satteldach mit Gauben. Der winkelförmige Anbau von Fachwerk weist zur Straße und hat ein Mansarddach.

An der Alsterchaussee 30 befindet sich das 1829 für den Kaufmann Christian Diederich Gerhard Schwieger erbaute Landhaus. Der eingeschossige Bau hat einen kompakten Grundriss. Streng gegliedert und mit Eckquaderungen versehen, schmücken zwei ionische Säulen die ornamentfreie Fassade.

Erst im 19. und 20. Jahrhundert wurden wieder Bauten errichtet, die sich zumindest formal an Burgen orientierten. Es entstanden Villen und Bürgerhäuser mit Zinnen und Türmen. Bis in das 20. Jahrhundert hinein behielten Burgelemente eine positive Bedeutung. Sie sollten sogar zur Verkleidung von Bunkern dienen. 🌿

Hamburg-Altstadt – Burgen auf dem Domplatz

Der Domplatz südlich der Petrikirche ist kulturgeschichtlich ein bedeutender Ort der Stadt. Hier stand nicht nur bis 1805 der Dom, sondern es befanden sich hier auch nacheinander zwei Wallburgen. Seit 2009 wird mit der Gestaltung des Platzes versucht, die Geschichte wiederzugeben. Ein Wall aus Stahlblech rahmt den Platz an jenen Stellen, an denen sich ehemals der Wall der jüngeren Wallanlagen befand. Die Bänke auf dem Platz markieren die ehemaligen Pfeiler des Doms.

Der Platz liegt auf einem natürlichen Geländesporn, der sich von Ost nach West zwischen den Wasserläufen der Alster und der Bille in die Elbniederung schiebt. Ein Höhenzug von Osten querte hier den Lauf der Alster in Richtung Westen. Diese günstige Lage wurde zur Errichtung der Burgen und zur Gründung der Stadt Hamburg genutzt. Lange vermutete man an dieser Stelle auch die erstmals 831 genannte und bereits 845 von den Wikingern zerstörte Hammaburg. Neuere Untersuchungen ergaben jedoch, dass hier nicht nur eine, sondern sogar zwei Burgen gestanden haben sollen. 845 existierte hier jedoch keine Burg.

1980 bis 1987 wurden zwei kreisförmige, nebeneinander verlaufende Spitzgräben ausgehoben. Sie umschlossen ein Rund von ca. 65 Metern. Diese Befestigungsanlage wurde vermutlich ca. 650 bis ca. 750 n. Chr. von den Sachsen, die hier siedelten, angelegt. Die Doppelgrabenanlage ist die älteste bekannte Befestigung auf dem Gebiet der Stadt

Hamburg und hatte vermutlich einen innen liegenden Wall. Es dürfte sich um ein Sperrfort gehandelt haben. Diese Burg wurde später vermutlich infolge der verlorenen Kriege der Sachsen gegen die Franken aufgegeben.

Später entstand über dieser Burg eine weitere ringförmige Wallanlage. Sie wurde durch Ausgrabungen 1949 bis 1957 entdeckt. Die Burg ist vermutlich als Gegenmaßnahme der Franken gegen sächsische Aufstände errichtet worden. Diese zweite Burg lässt sich in die Zeit von ca. 890 bis ca. 980 datieren. Sie diente dem Schutz des Doms. Es handelte sich um eine Holz-Erde-Anlage mit vorgeblendeter Holzbohlenwand von ungefähr einem Hektar Größe, die einen Durchmesser von 120 Metern hatte. Die Ecken der Burg waren abgerundet. Im Westen und Süden bestand die Wallbefestigung aus einer von senkrecht nebeneinander stehenden Bohlen gebildeten Plankenwand. Sie wurde mittels Querstreben in den zum Burginneren hin ansteigenden Geesthang verankert. Am stärksten befestigt war die Nordseite. Die Breite des Walls betrug in der Basis 14 bis 15 Meter, seine Höhe etwa sechs bis sieben Meter. Die Vorderfront war durch eine zweifach gestaffelte hölzerne Bohlenwand befestigt, wobei die hintere der beiden Wände erst in halber Höhe einsetzte. Vor dem Wall lag eine zwei bis drei Meter breite, schräg angelegte Berme und davor teilweise ein Graben, der durch eine Erdbrücke vom eigentlichen Graben, einem zwei bis drei Meter tiefen Spitzgraben, getrennt war.

Adresse
Domstraße/Domplatz
20095 Hamburg

Nutzung
nachgebildete
Wallanlagen

Hamburg-Altstadt – Bischofsturm

1962 stieß ein Baggerfahrer am Speersort bei Ausschachtungsarbeiten drei Meter unter dem Straßenniveau auf die Reste des Bischofsturms. Es handelte sich um ein ringförmiges Findlingsfundament von ca. 19 Metern Außen- und elf Metern Innendurchmesser. Es hat teilweise eine Dicke von bis zu 1,70 Meter. Das Fundament kann zu einem steinernen Turm ergänzt und ins 11. Jahrhundert datiert werden. Als Baumaterial wurden Geschiebeblöcke verschiedener Größe und Härte verwendet, die zum Teil einen Durchmesser von 1,70 Meter haben. Bindemittel des Fundaments, namentlich der Zwischen-

schüttung, ist eine Art Marschklei, die vermutlich ganz aus der Nähe stammt. Vom eigentlichen Baumörtel konnten nur geringe Spuren entdeckt werden.

An den eigentlichen Rundbau schloss sich ein Brunnen von 4,20 Metern Tiefe an. Er sprang an der Westseite des Fundaments etwa 4,40 Meter vor und hatte einen Innendurchmesser von 1,20 bis 0,80 Meter. Seine Abbruchkante liegt bei 9,20 Meter über NN, in die Tiefe ragt er bis 4,25 Meter über NN. Als Baumaterial dienten zumeist Feldsteine von 50 Zentimetern Durchmesser.

Adresse

Kreuslerstraße 6
20095 Hamburg

Nutzung

erhaltene Fundamente

Die exzentrische Lage des Turms am damaligen Stadtrand erklärt sich aus dem hier gelegenen höchsten Punkt der Stadt. Der Turm befand sich zugleich westlich hinter dem so genannten Heidenwall neben dem Stadteingang, so dass er nicht nur als Rückzugsort, sondern auch der Stadtverteidigung dienen konnte. Der Bau könnte aufgrund seiner Fundamentstärke eine Höhe von 22 Metern gehabt haben und war wahrscheinlich mit Zinnen bewehrt. Aus der Erbauungszeit haben sich nur wenige Funde erhalten, die ebenso wie Putzreste auf das 11. Jahrhundert hinweisen.

Der Turmbau ist in die Zeit von Erzbischof Bezelin Alebrand zu datieren. Um 1040 entstanden auf seine Initiative hin die ersten Gebäude aus Stein in Hamburg. Zuerst wurde der Mariendom aus Stein errichtet, dann 1037 ein „Domus" genanntes Steinhaus, das vor Überfällen der Slawen schützen sollte. Ferner plante Bezelin den Bau einer steinernen Ringmauer mit zwölf Türmen um Hamburg herum. Aufgrund seines vorzeitigen Todes konnte diese Planung nicht ausgeführt werden.

Das Turmfundament steht wenige Meter hinter dem ehemaligen so genannten Heidenwall. Dieser war ein Abschnittswall, der im Osten der Altstadt von den ehemaligen Alstersümpfen im Norden bis zur Bachniederung der Bille im Süden verlief. Er riegelte die Geestnase mit Hamburg nach Osten hin ab. Der Heidenwall ist mindestens viermal überbaut und nach Osten vorverlegt worden. Es handelte sich um eine Holz-Erde-Konstruktion.

Der Bischofsturm könnte der erste Turm der geplanten Stadtbefestigung oder aber ein Torturm gewesen sein. Jedoch kommt auch ein „Domus" des Erzbischofs infrage, denn die runde Form des Turms ist sehr ungewöhnlich. Sie mag in Frankreich in jener Zeit nicht verwundern, ist im (nord-)deutschen Raum aber einzigartig. Der Bauherr muss eine herausragende Persönlichkeit von internationalem Format gewesen sein. Eine eindeutige Zuweisung des Fundaments ist letztendlich nicht möglich, da der Bau bereits im Mittelalter abgerissen wurde. Kellerbauten späterer Häuser ließen nicht einmal mehr die alte Sohle des Erdgeschosses bestehen. ⚘

Hamburg-Altstadt – Alsterburg

Als Antwort auf den steinernen Wohnbau des Erzbischofs Bezelin Alebrand (Bischofsburg) ließ sich der sächsische Herzog Bernhard II. Billung in seinem Burgbezirk einen Wohnturm erbauen. Die so genannte Alsterburg entstand 1035/36. Als die Slawen 1066 und 1072 Hamburg überfielen, wurde die Burg zerstört, später aber wieder aufgebaut. Graf Adolph I. von Schaumburg ließ sie 1130 ausbauen. Als sein Sohn Graf Adolph II. als Gefolgsmann Heinrichs des Stolzen in Streitigkeiten zwischen diesem und Albrecht dem Bären geriet, wurde im Zuge der Kämpfe 1139 die Alsterburg endgültig zerstört.

Ihre vermutlichen Reste wurden beim Börsenanbau und Bau des neuen Rathauses 1886/87 gefunden. Reinhard Schindler schrieb 1960: „In der Südostecke der Rathausbebauung glaubte Wichmann unter dem Fundament des Johannisklosters und […] unter einer Schlick- und Schwemmschicht die auf Rammpfählen, Holzrosten und Granitblöcken ruhenden Fundamente der Turmburg des Billungerherzogs Bernhard II. zu erkennen. In den Fundamenten wurden auch Ziegelbrocken beobachtet. Da der Ziegelbau in Hamburg bestenfalls in das 12. Jahrhundert, die Alsterburg Bernhards jedoch schon in die Mitte des 11. Jahrhunderts fällt, werden die Ziegelbrocken auf die urkundlich erwähnten baulichen Erneuerungen der Billungerburg zurückzuführen sein."

Es handelte sich bei der Alsterburg im Gegensatz zum runden Bischofsturm um einen quadratischen Bau mit einer Seitenlänge von jeweils 14 Metern und vier Meter starken Mauern.

Vermutlich gab es in der Altstadt von Hamburg eine weitere Burg, die Wiedenburg. Ihre Lage ist unbekannt. Sie wird jedoch in einigen schriftlichen Überlieferungen genannt.

Adresse

Rathaus Hamburg
Rathausmarkt
20095 Hamburg

Nutzung

verschwundene Burg

✿ Hamburg-Altstadt – Neue Burg

Herzog Ordulf (1059 bis 1072), Sohn des Erbauers der Alsterburg Herzog Bernhard II., ließ 1061 die so genannte Neue Burg errichten. Sie stand auf einer Insel im Alsterlauf, wo sich heute die Ruine der Nikolaikirche befindet. Sie hatte einen Durchmesser von ca. 100 Metern. Vermutlich wurde die Anlage 1066 von den Slawen zerstört.

Adresse
Neue Burg
20457 Hamburg

Nutzung
verschwundene Burg

Graf Adolf III. ließ auf dem Gelände der Burg 1186/87 durch Wirad von Boizenburg als Haupt eines Gründungskonsortiums von 50 Kaufleuten eine neue Hafen- und Kaufmannsstadt anlegen. Der Ringwall wurde in Grundstückssektoren aufgeteilt. Der Wall diente als Deich, auf dem die Häuser gebaut wurden. Die Mitte erhielt die Funktion eines Marktplatzes, auf dem ein eigenes Rathaus sowie eine Kirche entstanden.

Bei Ausschachtungen zum Wiederaufbau der 1842 abgebrannten Nikolaikirche wurden Funde der Neuen Burg aus dem Mittelalter geborgen. Die 17 Meter breite Sohle des Walls bestand aus starken Holzpackungen, Faschinen und Kleisoden. Mitten in der Wallfüllung wurde eine Herdstelle mit einheimischer Pingsdorfer Keramik aus dem 11. Jahrhundert entdeckt, die offenbar von den Erbauern der Burg genutzt worden ist. Das Wallinnere ruhte auf einem starken Holzrost. Chor und Mittelschiff der Nikolaikirche liegen genau über dem alten Burginneren. ✿

✿ Hamburg-Rotherbaum – Sloman-Burg

Beim Doppelhaus Harvestehuder Weg 5-6 handelt es sich um die Landhäuser Sloman und Lutteroth. Aufgrund der Architektur hat sich jedoch der Name „Burg" durchgesetzt.

Das Doppelhaus wurde 1848/49 von den Architekten Jean David Jolasse und August Brekelbaum für die Freunde Robert M. Sloman d. J. und C. A. Ascan Lutteroth erbaut. Es handelte sich um einen Pionierbau, die erste ständig bewohnte Villa an der Außenalster. Dauerhafte Wohngebäude wurden hier erst mehr als zehn Jahre später nach Aufhebung der Torsperre 1860/61 erbaut.

Adresse
Harvestehuder Weg 5-6
20148 Hamburg

Nutzung
Privatbesitz

Auch die Formensprache war für Hamburg ein Novum. Sie war von der englischen Neugotik beeinflusst. Die Häuser haben ein mit Zinnen verziertes Kranzgesims. Es gibt ein mit Zinnen bekröntes Belvedere, viele Balkone und Fenster, die teilweise einen Sturz mit Eselsrücken sowie eine gotisierende Schmuckornamentik besitzen. Es entstand eine burgenartige Baugruppe mit Türmen, Risaliten und Staffelgiebeln sowie eine flache Fassadenornamentik. Dies war in der Hamburger Architektur ein Bruch mit dem Klassizismus. Der Architekt Jolasse war erst 1842 nach Hamburg gekommen. Mit ihm zog der Stil der Tudorgotik ein. Zugleich wurde in Hamburg begonnen, an Wohnbauten mittelalterliche Formen und Gestaltungsmittel der Burgenarchitektur zu verwenden. ✿

 # Hamburg-St. Pauli –
Bunker auf dem Heiligengeistfeld

Der Bunker wurde 1942 als Flakturm auf dem Heiligengeistfeld errichtet und besaß ehemals ein kleineres Pendant an der Südseite, das 1973/74 abgetragen wurde.

Als Ende August 1940 eine Bombardierung der als sicher geltenden Hauptstadt Berlin die Verletzlichkeit Deutschlands bewusst machte, führte dies zur Errichtung von Bauten zur Luftabwehr durch das nationalsozialistische Regime. Am 9. September 1940 ordnete Adolf Hitler die Errichtung von mächtigen Türmen für Flakstellungen zunächst in Berlin an. Flugabwehrkanonen sollten feindliche Bomberangriffe abwehren. Zugleich gab es Luftschutzräume in den Türmen. Derartige Türme wurden nur in Berlin, Wien und Hamburg errichtet.

Zu einer Flakstellung gehörten immer zwei Türme – ein Gefechtsturm und ein Leitturm. Der Gefechtsturm erhielt eine Batterie von vier schweren und leichten Geschützen, der Leitturm einen Leitstand zur Ortung der Ziele. Wegen der starken Rauchentwicklung der Geschütze war die Ortung erschwert, weshalb der Ortungsturm in mindestens 300 Metern Entfernung errichtet wurde. Das System funktionierte jedoch nicht, was den Abschuss feindlicher Bomber betraf. Die Türme wurden vom Gegner schnell erkannt. Als Luftschutzbauten konnten die Flakbunker jedoch ihre Aufgabe erfüllen.

Adresse
Feldstraße 66
20359 Hamburg

Nutzung
Privatschulen,
Diskotheken

Die Präsenz solcher Türme im Stadtbild zeigte der Bevölkerung die vermeintliche Wehrhaftigkeit und Leistungsfähigkeit des Regimes an. Es handelte sich um Propagandabauten.

In Hamburg wurden zwei derartige Türme auf dem Heiligengeistfeld und in Wilhelmsburg errichtet. Der Flakbunker ist vom Prinzip her eine eigene Bauaufgabe, die in der Tradition von Festungsbauten steht, da sie sowohl dem Schutz als auch der Abwehr dient. Insofern handelt es sich bei Flakbunkern um letzte Beispiele von Stadtbefestigungen in Europa.

Wie alle Flakbunker zeichnet sich auch das Hamburger Beispiel durch einen großen massigen Baukörper mit stereometrischer Form, weit auskragenden Dachplattformen mit Dachaufbauten und eine allseitige Gleichansichtigkeit aus. Spätere Türme wie der in Wilhelmsburg sind kleiner und kompakter.

Der sechsgeschossige Bau auf quadratischem Grundriss von 65,40 Metern Seitenlänge hat Ecktürme von 20,50 Metern Seitenlänge. Sie treten gut sieben Meter vor. So erhöht sich die Gesamtlänge auf 70,50 Meter. Über dem fünften Geschoss kragt eine Dachplatte hervor. Darüber befindet sich leicht zurückgesetzt ein zweigeschossiger Aufbau mit achteckigen Turmaufsätzen. Die Höhe der Dachplatte beträgt 39 Meter, die Gesamthöhe 47 Meter. Es erfolgte eine Konzentration von Geschützen auf engstem Raum wie bei Kriegsschiffen. Durch die geringe Flächenausdehnung sollte eine Reduzierung der Gefahr eines Treffers erreicht werden. Der Bunker steht auf einer ca. zwei Meter starken Betonplatte von etwa 90 auf 90 Metern Größe, was ihm eine hohe Standfestigkeit verleiht. Seine Wandstärke verjüngt sich von unten 2,60 Meter auf oben zwei Meter. Der Architekt des Turms war Friedrich Tamm.

Der Turm konnte von allen vier Seiten betreten werden. Die Haupttore erhielten Maße von vier auf sechs Meter, so dass bequem ein Lastkraftwagen einfahren konnte. In den Ecktürmen waren Nebeneingänge für Zivilisten. Verschiedene Schleusen sicherten das Gebäudeinnere. In den Ecktürmen führten Wendeltreppen um ehemalige Munitionspaternoster. Zu jedem Nebeneingang gehörte ein Treppenhaus. In der Mittelachse wurden zwei Fahrstühle kombiniert mit zwei dreiläufigen Treppen. Die sechs Geschosse sollten Versorgungseinrichtungen, Schutzsuchende und Truppenteile aufnehmen, aber auch Lagergut und Behörden. Im Erdgeschoss befanden sich die Versorgungsräume. Hier waren Schleusen, Notstromdiesel und Bunkerwachen untergebracht. In einem Zwischengeschoss befanden sich Klima-, Trafo-, Notstrom- und Kühlanlagen sowie eine Waffenmeisterei. Der öffentliche Luftschutzraum lag im mittleren Teil des Turms im ersten und zweiten Geschoss. Es gab auch einen Schutzraum eigens für die politische Führung der Stadt. In den Türmen waren unter anderem Einrichtungen für das Militär sowie eine Krankenstation für Zivilisten untergebracht. Auf dem Dach standen die Geschütze und Scheinwerfer.

Der unverkleidete Beton präsentiert den Turm als martialische Festung. Er steht mit seinen Ecktürmen für Uneinnehmbarkeit in der Tradition des mittelalterlichen Kastells. Nach den Planungen der NS-Machthaber sollte er nach dem Krieg eine Werksteinfassade bekommen und so von einem Kriegsbau zu einem Staatsbau mutieren. Die Verkleidung hätte eine Festungsarchitektur imitiert. Im Stil des nationalsozialistischen Staatsklassizismus sollte ein Größe und Stärke des Regimes demonstrierender Bau entstehen, der an Festungen wie die Bastille in Paris erinnert hätte. Daher erhielt der Außenbau im Hinblick auf eine Nachkriegsgestaltung einen Sockel sowie elf Fensterachsen in den Geschossen eins bis fünf. Diese wurden nach dem Krieg geöffnet.

Der Gefechtsturm stellte nach dem Krieg dringend benötigten Wohnraum zur Verfügung. Später diente er als Luftschutzbunker und wurde erst 1992 nach dem Ende des Kalten Krieges verkauft und anschließend für eine zivile Nutzung umgebaut. Der Leitturm wurde 1973/74 abgerissen, nachdem er zuvor für Rundfunk- und Fernmeldedienste genutzt worden war.

Derzeit wird der Bunker von privaten Kunst-, Musik- und Designschulen genutzt. Über zwei Diskotheken ist die Dachterrasse mit Blick über St. Pauli begehbar. ✿

Im Osten von Hamburg beiderseits der Bille

Der Osten Hamburgs war lange Zeit Grenzland. Bereits um 800 standen die Sachsen, die von den Franken abgelöst wurden, den Slawen gegenüber, namentlich den Wagriern und Obodriten. Bald wurde die Grenze nach Osten vorgeschoben. Von Süd nach Nord führte die Grenzlinie von Lauenburg über Bad Oldesloe nach Kiel. Hier entstanden Befestigungen und ein annähernd menschenleerer Raum, der so genannte Limes Saxoniae. Mit der Zeit konnten die sächsischen Herzöge ihre Macht weiter nach Osten bis nach Mecklenburg ausdehnen. Mit dem Sturz Heinrichs des Löwen änderten sich die Machtverhältnisse. 1201 mussten die Schaumburger Grafen dem Dänenkönig weichen. Sie konnten das Land erst 1227 in der Schlacht von Bornhöved wiedergewinnen. Der Dänenkönig berief die Grafen von Orlamünde zu Statthaltern in Holstein, die unter anderem zwischen 1212 und 1224 eine Burg in Bergedorf errichteten.

Nachdem Adolf IV. die Dänen zurückgeschlagen hatte, stellten die Herzöge von Sachsen Ansprüche an das Land, das daraufhin geteilt wurde. Das Land östlich der Bille kam an Sachsen (seit 1269 Sachsen-Lauenburg), das Land westlich der Bille an Holstein. Für die Stadt Hamburg war vor allem das Land an der Elbe von Interesse. Im 14. Jahrhundert übernahm die Stadt in den Marschlanden Schritt für Schritt die Hoheitsrechte. Zu Beginn des 15. Jahrhunderts war der Prozess abgeschlossen. Dies gelang einfach, da die Region erst seit dem Ende des 12. Jahrhunderts dauerhaft besiedelt worden war und der Adel in dem oft von Überschwemmungen heimgesuchten Land seine Besitzungen aufgegeben hatte.

Burgen

1 Bergedorf
2 Riepenburg
3 Spökelburg

Schlösser

4 Reinbek

Herren-/Landhäuser

5 Aumühle
6 Basthorst
7 Glinde
8 Glockenhaus
9 Wotersen

Im Verlauf des 14. Jahrhunderts entwickelte sich der Raum immer mehr zu einem Durchgangsland zwischen Lübeck und Hamburg. In den Jahren von 1392 bis 1398 wurde zwischen Lübeck und Lauenburg der Stecknitzkanal angelegt. Bereits zuvor hatte Lübeck sich im Lauenburgischen wichtige Orte gesichert, so 1359 die Pfandherrschaft über Mölln und 1370 über Bergedorf.

Im Jahre 1401 holten die Herzöge von Sachsen-Lauenburg die Herrschaft durch einen Gewaltakt in ihren Besitz zurück. Als der neue Herr von Bergedorf, Herzog Erich V., nach kriegerischen Verlusten gegen den neuen Kurfürsten von Brandenburg, Friedrich I., 1419 geschwächt war, verbündete sich Lübeck mit Hamburg 1420, um Bergedorf zurückzugewinnen. Nach vier Tagen Belagerung wurde die Burg im Beisein der Bürgermeister erstürmt. Danach erfolgte die Einnahme der befestigten Plätze Riepenburg und Kuddewörde. Die Besatzungen ergaben sich.

Erst als die Streitmacht auch die Residenz Ratzeburg bedrohte, gab Erich V. nach. Am 23. August 1420 trat der Herzog im Perleberger Frieden die Riepenburg, Bergedorf, Geesthacht, die Vierlande und die Zollstätte zu Eßlingen sowie den halben Sachsenwald an Lübeck und Hamburg ab.

Der Sachsenwald war ein altes Allodium der Welfen gewesen und nach 1227 in die Hand der Erzbischöfe von Bremen gelangt. Diese hatten ihn 1228 an Herzog Albrecht I. von Sachsen-Lauenburg als Lehen übertragen. Um den Sachsenwald kam es in den kommenden Jahrhunderten immer wieder zum Streit zwischen den Herzögen und den Städten. Zwar war er bereits im 14. Jahrhundert an Lübeck verpfändet worden, was ein Vertrag von 1420 bestätigte, doch wurde er 1543 durch Herzog Franz I. mit Gewalt genommen. Die Klage der Städte vor dem Reichskammergericht zog sich 135 Jahre hin. Ergebnis war, dass der Herzog den halben Wald an die Städte geben musste. Da der Herzog die Herausgabe jedoch verweigerte, blieb der Sachsenwald bis 1871 landesherrlich. Er gelangte in den Privatbesitz des Königs von Preußen.

Mit den Burgen hatten die Städte mehr Glück. Sie teilten sich den Besitz und verwalteten ihn von nun an im Wechsel. Die alten Vogteien wurden in Ämter umgewandelt. Beim Wechsel sollte der jeweilige Vogteiinhaber erst Riepenburg und dann Bergedorf verwalten und als Hauptmann in einem der festen Häuser zusammen mit der Besatzung wohnen.

Bis 1446 erfolgte dieser Wechsel alle vier, dann alle sechs Jahre. Ab 1620 wurden die Amtsverwalter im Wechsel auf Lebenszeit eingesetzt. Erst 1868 konnte Hamburg Bergedorf und die Vierlande durch Kauf von Lübeck erwerben. Die bei der Eroberung schwer beschädigte Burg Bergedorf wurde wieder aufgebaut. Die Riepenburg blieb bis 1470 Zollstätte und wurde zu Beginn des 16. Jahrhunderts niedergelegt, da sie funktionslos geworden war.

In jener Zeit begannen die Hamburger, den Osten der Stadt zur Anlage ihrer Gärten und Landhäuser zu nutzen. Seit dem frühen 17. Jahrhundert entfaltete sich hier eine reiche Landhauskultur, die bis weit in das 19. Jahrhundert Bestand hatte. Vor allem der Geestrand und die Marschlande waren beliebt. Letztere wurden bevorzugt von den niederländischen Emigranten genutzt. In Billwerder war in der frühen Neuzeit der größte Teil des Landes im Besitz von Hamburger Bürgern, die sich hier ihre Sommersitze aufführen oder ihre Lustgärten anlegen ließen. Im 19. Jahrhundert verlagerte sich das Interesse der Bürger auf die Region entlang der Elbchaussee im Westen der Stadt und der Boden ging in bäuerliches Eigentum über. Erhalten hat sich aus der älteren Zeit kaum etwas. Das so genannte Glockenhaus ist neben zwei weiteren Gebäuden ein letzter Rest einstiger Fülle. Es wurden hier zumeist T-Häuser errichtet.

Die Geschichte des Landes jenseits der Bille ist von der Hamburgs und des übrigen Schleswig-Holstein verschieden. Das Gebiet gehörte zum Herzogtum Sachsen-Lauenburg. Dieses wurde erst 1876 der preußischen Provinz Schleswig-Holstein zugeschlagen. Zwar war das Herzogtum als Transitland im Aktionsradius der Städte Lübeck und Hamburg gelegen – bis in das 18. Jahrhundert besaß die Stadt Lübeck hier Gebiete –, der Adel orientierte sich aber eher nach Mecklenburg als nach Holstein. Die Ritterschaft Lauenburgs war ähnlich stark wie jene in Schleswig und Holstein, konnte ihre Stellung aber gleich der Mecklenburger auch im 17. und 18. Jahrhundert wahren. Das offenbart sich an den aufwändigen und teilweise schlossartigen Herrenhäusern wie etwa dem in Wotersen. Hier wirkte die Familie Bernstorff, die die nordeuropäische Geschichte jahrhundertelang prägte. In das Interesse der internationalen Geschichte wird das Herzogtum Lauenburg schließlich durch den Umstand gerückt, dass der Reichskanzler Otto von Bismarck den Sachsenwald 1871 zum Geschenk erhielt und in Friedrichsruh von 1890 bis 1898 seinen Lebensabend verbrachte.

Hamburg-Billstedt – Spökelburg

Von den mittelalterlichen Burgen im Osten von Hamburg sind größtenteils nur noch Ruinen erhalten. Stellvertretend für diese ist hier die Spökelburg an der Billstedter Hauptstraße 120 erwähnt. Sie wird auch Schiffbeker Burg oder Schlemerburg genannt. Früheste urkundliche Überlieferungen bringen die Anlage mit den Kämpfen zu Zeiten des Grafen von Orlamünde zu Beginn des 13. Jahrhunderts in Verbindung. Die Zerstörung soll bereits 1225 stattgefunden haben. Es wird vermutet, dass vor der Reformation Raubritter ihren Sitz auf der Burg hatten. Dies ist jedoch nicht belegt. Ihren Namen hat die Burg vom Wort „Spökeln", was „Spuken" gleichzusetzen ist.

Adresse
Billstedter Hauptstraße 120
22117 Hamburg

Nutzung
verschwundene Burg

Die Burg liegt am Rande der Billeniederung und der alten, von Hamburg nach Bergedorf führenden Landstraße am Steilhang des hohen Geestrückens. Von der Burg aus konnte die Straße mühelos beherrscht werden. Bei der Anlage handelte es sich um einen Rechteckwall mit abgerundeten Ecken und einer Ausdehnung von ursprünglich ungefähr 70 Meter auf 30 Meter. Der Wallinnenraum maß wohl 50 Meter auf 25 Meter. Bereits 1880/81 fanden in der Burg Grabungen statt. Die Wallhöhe betrug 1,70 bis 2,50 Meter, die maximale obere Wallbreite lag bei 6,30 Metern, die maximale untere Wallbreite bei 15,90 Metern. Seitdem hat sich der Wall kaum verändert. Das Burginnere wurde durch den Einbau einer Ziegelei sowie Planierungsmaßnahmen und den Bau einer gründerzeitlichen Villa stark verändert. Der nordwestliche Querwall und eine große Fläche des Burgplateaus sind abgetragen worden. Nur noch Teile des Umfassungsgrabens sind erhalten. Scherbenfunde konnten auf den Übergang vom Früh- zum Hochmittelalter datiert werden.

Hamburg-Billwerder – Glockenhaus

Das am Billwerder Billdeich 72 gelegene so genannte Glockenhaus ist ein gut erhaltenes Beispiel eines hamburgischen Landsitzes aus der Mitte des 18. Jahrhunderts. Bereits zu Beginn des 17. Jahrhunderts gab es hier ein Gehöft mit zugehörigem Lust- und Landhaus. Das bestehende Bauernhaus wurde um 1600 durch einen landhausartigen Wohnteil zu einem T-Haus erweitert und gelangte 1605 an Jacob Trocke und Peter Middeldorp. Seit 1678 gehörte es Peter Middeldorp allein. 1779 erwarb es der Hamburger Oberalte Paridom Daniel Kern. Er ließ das bestehende Landhaus von Grund auf umbauen. 1909 brannte der reetgedeckte Wirtschaftsteil ab und wurde durch einen verkürzten Massivbau ersetzt. Der vordere Wohnbereich blieb erhalten. 1972/73 wurden Mauerwerk und Dach des Hauses instand gesetzt.

Anschließend erfolgte der Innenausbau und 1986 die Anlage eines Gartens in Formen des Barock. Seit 1984 beherbergt das Glockenhaus das „Deutsche Maler- und Lackierermuseum".

Der annähernd quadratische, zweigeschossige Backsteinfachwerkbau grenzt direkt an den Wirtschaftsteil. Er hat ein pfannengedecktes, steiles Walmdach. Die Fassaden sind axial angeordnet und werden von eingeschossigen, spitzgiebeligen Dacherkern bekrönt. Der vordere Dacherker wird von seitlich angeordneten Voluten geschmückt und hat einen vier-eckigen Glockenturm, der dem Haus seinen Namen gab. In der Mittelachse des Hauses befindet sich der Eingang, der von einem hölzernen Balkon mit schmiedeeisernem Gitter überfangen wird.

Ehemals befand sich in beiden Stockwerken ein großer Saal. Die aus der zweiten Hälfte des 17. Jahrhunderts stammende bemalte Balkendecke mit Landschaftsveduten im Obergeschoss erstreckt sich über die gesamte Grundfläche des Hauses. So lässt sich die ursprüngliche Größe des Saals bestimmen. Im Erdgeschoss gibt es zwei flankierende kleine Eckräume und in der Mitte einen Gartensaal. Der Zugang zu den Räumen erfolgte über eine Querdiele mit Treppenhaus.

Beim Neubau unter Kern wurde die Querdiele des alten Landhauses ebenso wie der dreigeschossige Querriegel in den Neubau integriert. Neben der bemalten Balkendecke im Obergeschoss sind auch noch Teile des Fachwerkgerüsts der Querdiele vorhanden, ebenso der alte Wirtschaftskeller. Hier ist der Schwibbogenherd erhalten geblieben.

Heute wird die Eingangssituation von Portal, Windfang, Spiegeltür und Vorhalle betont. Die Flure und das Treppenhaus in der Gebäudemitte präsentieren sich mit Marmor- und Sandsteinplatten. Im Erdgeschoss sind in den seitlichen Stuben Reste der zarten Empire-Wanddekoration erhalten. Die Stuckdecken zeigen schlichte, klassizistische Schmuckmotive: Rosette mit Blattkranz, Bandwerk, Blumen. Die barocke Deckenbemalung im Obergeschoss geht auf das Jahr 1630 zurück, die anderen Arbeiten auf die Umbauphase 1780.

Das „Deutsche Maler- und Lackierermuseum" dokumentiert die Geschichte des Malerhandwerks seit dem 12. Jahrhundert und gewährt Einblicke in verschiedene Anwendungsgebiete und Arbeitstechniken. Die Geschichte des Glockenhauses ist jedoch nicht Gegenstand der Ausstellung.

Adresse
Billwerder Billdeich 72
22113 Hamburg

Nutzung
Museum
www.malermuseum.de

Der Garten im Westen des Hauses ist in drei Bereiche gegliedert. Gegen die Straße stehen Lindenanpflanzungen. Es folgt ein Beetteil mit Ornamenten aus Buchsbaumhecken und bunten Kiesflächen sowie geschnittenen Eiben. Im hinteren Teil befindet sich ein Nutzgarten.

In der Nähe des Glockenhauses sind noch zwei weitere ehemalige Landhäuser zu sehen. Das Haus Moorfleeter Elbdeich 359 gelangte 1682 in den Besitz von Richard Schröder, der an das bestehende Hufnerhaus als Vorbau einen dreigeschossigen Querflügel anfügte. In der zweiten Hälfte des 18. Jahrhunderts wurde die ursprüngliche Backsteinfachwerkfront zusammen mit den beiden anschließenden Gefachen in Stein erneuert. Landhausteil und Wirtschaftsbereich waren wie damals üblich voneinander getrennt. Die Balkendecke des Saals im Mittelgeschoss ist marmoriert. Die Deckenmedaillons in Grisaillemalerei zeigen Szenen von Amor und Psyche. Die Schmalwände des Saals ziert eine gemalte Scheinarchitektur.

Das Haus Billwerder Billdeich 96 stammt ebenfalls aus der zweiten Hälfte des 17. Jahrhunderts. Vermutlich in der zweiten Hälfte des 18. Jahrhunderts wurde ein Pferdestall in Fachwerkbauweise an das massive Landhaus angefügt. Im 19. Jahrhundert erfolgte mehrfach ein Umbau des Gebäudes. Der zweigeschossige Bau aus Ziegeln über quadratischem Grundriss wird durch abgetreppte Wandpfeiler gegliedert und trägt ein geschweiftes Zeltdach. Das Erdgeschoss nahm ehemals einen großen Gartensaal auf. Dahinter befand sich der Wirtschaftsraum. Das Obergeschoss wurde über einen hölzernen Treppenturm erschlossen, der an der Nordwestecke des Hauses stand. ☼

Hamburg-Kirchwerder – Riepenburg

Am Kirchwerder Mühlendamm 75/Kraueler Hauptdeich 17 stehen die Reste der Riepenburg. Sie trägt ihren Namen nach dem Ritter Hermann Ribe, der sie im Auftrag der sächsischen Herzöge im 13. Jahrhundert für deren Vogtei über die Vierlande anlegte.

Auf der gegenüberliegenden Flussseite mündete die Ilmenau in die Elbe. So konnte der Warenverkehr von und nach Lüneburg über die Ilmenau kontrolliert werden. Hauptaufgabe der Riepenburg war es, die Elbhoheit und den Zoll von Eßlingen (heute Zollenspieker) zu schützen. Der Sohn des Burggründers tauschte 1296 die Riepenburg mit der Insel Kirchwerder an den Braunschweig-Lüneburger Herzog Otto. Schon Anfang des 14. Jahrhunderts war die Gegend jedoch wieder lauenburgisch. Herzog Erich I. soll auf der Riepenburg um die Mitte des 14. Jahrhunderts seinen Altersruhesitz gehabt haben.

Adresse

Kirchwerder
Mühlendamm 75
21037 Hamburg

Nutzung

verschwundene Burg

Unter seinem Sohn Erich II. kam es zum Streit mit Herzog Wilhelm von Braunschweig-Lüneburg. Dieser besetzte daraufhin 1361 Kirchwerder mit der Riepenburg und vertrieb Erich I. Ferner ließ er in Altengamme am Übergang nach Curslack an der Abzweigung der Doveelbe auf dem Gammerort eine eigene Burg errichten, die Burg Gammerode. Der Streit wurde jedoch bald beigelegt und die Riepenburg wieder an die Herzöge von Sachsen-Lauenburg gegeben.

1419 eroberten die Städte Lübeck und Hamburg die Riepenburg im Rahmen einer Fehde gegen Herzog Erich V. von Sachsen-Lauenburg. Im anschließenden Perleberger Frieden 1420 bekamen die Städte gemeinsam die Riepenburg zugesprochen. Bis 1512 saßen hier die hamburg-lübischen „beiderstädtischen Amtleute", die die Vierlande verwalteten. Nach der Abdämmung der Gose- und Doveelbe 1471 und der Verlagerung der Ilmenaumündung war die Burg überflüssig. Da sie baufällig war, wurde das Amt Riepenburg 1512 aufgegeben und die Anlage abgerissen. Der Wirtschaftshof der Burg blieb erhalten und wurde weiter genutzt.

Die Riepenburg stand auf einer heute noch erkennbaren Wurt in einem Ringwall unmittelbar westlich des West Krauler Bracks. Nach einer Grundrissskizze von 1826 hatte die Burg einen äußeren Wall und Graben, einen Innenwall und in dessen Mitte einen Turmhügel. Der Grundriss des Außenwalls war leicht oval und hatte einen Durchmesser von etwa 150 bis 220 Metern, der Innenwall von 75 Metern, der Turmhügel von knapp 30 Metern. Es dürfte sich um eine einfache Motte gehandelt haben, deren bis zu acht Meter breite Gräben vom Wasser der Elbe gespeist wurden. Nur noch Reste des Turmhügels, der 1826 noch eine Höhe von 7,50 Metern hatte, sowie östliche Teile des Außenwalls sind heute erhalten. ☼

Hamburg-Bergedorf – „Schloss"

Das so genannte Bergedorfer Schloss ist aus einer Burg hervorgegangen. Diese wurde zur Zeit der dänischen Besatzung Holsteins unter dem dänischen Statthalter Albrecht von Orlamünde gegründet. Er ließ 1208 die Bille für eine Mühle aufstauen und errichtete dort eine erste Wasserburg. Bereits 1224 wird in Bergedorf die Burg erstmals urkundlich erwähnt. Nach der Vertreibung der Dänen erhielt der Ort 1227 durch Herzog Johann von Sachsen das Stadtrecht. In der Folgezeit war Bergedorf ein Burgort des Herzogtums Sachsen. Dieses teilte sich in den folgenden Jahren in immer kleinere Einheiten auf. 1322 entstand das Teilherzogtum Mölln-Bergedorf. Die häufigen Verpfändungen der Herzöge untereinander führten zu unklaren Besitzverhältnissen. 1370 wurde Bergedorf an Lübeck verpfändet. Nach Aussterben der Bergedorfer Linie 1356 bis 1401 zogen die Erben Bergedorf ohne Auslösung ein und überraschten den Lübecker Schlosshauptmann. Lübeck musste 1401 im Frieden zu Lübeck auf Bergedorf verzichten.

Doch fand sich Lübeck mit dem Verlust nicht ab und verbündete sich 1420 mit der Stadt Hamburg in einer Fehde gegen Herzog Erich V. von Sachsen-Lauenburg und seinen Bruder Bernhard II. Da Bergedorf fest verwahrt war, zogen die beiden Bürgermeister mit 800 Bewaffneten, 2.000 Fußsoldaten und 1.000 Büchsenschützen gegen die Burg und ließen sie durch Wurfmaschinen und Geschütze mit Stein- und Eisenkugeln beschießen. Nach vier Tagen Belagerung brach am Morgen des fünften Tages Feuer auf der Burg aus und die vierzigköpfige Besatzung übergab Bergedorf an die Städte gegen freien Abzug. Im Perleberger Frieden 1420 ging Bergedorf an Hamburg und Lübeck.

Nach dem Abbruch der Riepenburg 1512 wurde Bergedorf Hauptort in den Vierlanden und Verwaltungsmittelpunkt der städtischen Herrschaft. Die bei der Eroberung 1420 schwer beschädigte Burg wurde wieder aufgebaut. 1467 lassen sich Bauarbeiten am so genannten Adelshaus nachweisen, was vermutlich auf den damaligen Ostflügel zu beziehen ist.

Adresse
Bergedorfer Schlossstraße 4
21029 Hamburg

Nutzung
Museum
www.bergedorfmuseum.de

1512/13 wurde ein Geschützturm an der Nordecke durch einen moderneren ersetzt. Dieser so genannte Zwinger verfügte über drei Stockwerke und war mit einem spitzen Kegeldach versehen. Die Höhe bis zur Traufe betrug etwa 13 Meter, der Durchmesser außen 15,75 Meter, seine Mauerdicke unten vier Meter und oben 2,57 Meter. 1588 bis 1590 erfolgte eine Erneuerung des Ostflügels, der ab diesem Zeitpunkt „Langes Haus" genannt wurde. Es handelt sich dabei um den ältesten heute noch erhaltenen Teil.

Bergedorf hatte sich zu einer Dreiflügelanlage entwickelt, deren offene Südseite durch eine Mauer abgeschlossen wurde. Um die von einem Wassergraben geschützte Kernanlage legte sich ein Außenwall mit drei Türmen. 1610 wurde auch der Westbau erneuert und 1613 der so genannte „Blaue Turm" mit Wall und Graben instand gesetzt. Der damals errichtete Westflügel steht noch heute.

Wo sich heute das Gemeindehaus befindet, erfolgte 1616 die Errichtung eines Pforthauses. 1661 schließlich wurde die Südseite mit dem ebenfalls heute noch erhaltenen Südflügel aus Fachwerk geschlossen.

Nachdem Bergedorf im Dreißigjährigen Krieg nicht erobert worden war, musste sich die Besatzung 1686 den braunschweig-lüneburgischen Truppen ergeben. Der Wert der Befestigung sank zusehends. Ab 1770 veräußerten Hamburg und Lübeck die Geschütze der Burg sowie ab 1784 die übrigen Waffen. Ab 1805 wurde die Burg entfestigt. Während der Besatzungszeit nutzten die Franzosen die Anlage von 1806 bis 1813 als Kaserne. Danach war der Bau ruinös. 1816 stürzte der so genannte Zwinger ein.

Nachdem Hamburg 1868 in den alleinigen Besitz Bergedorfs gelangt war, trat an die Stelle des Amtmanns der Hamburger Landherr. Nun begann 1885 der sukzessive Umbau des Schlosses zu einer neugotischen Backsteinburg unter der Leitung des Oberingenieurs Franz Andreas Meyer. Begonnen wurde mit dem Bau einer neuen Freitreppe im Hof am Ostbau. Zwischen 1888 und 1901 erfolgte der gänzliche Neubau des Nordflügels mit einem neuen Nordwesteckturm sowie einem neuen aufwändigen Eingangsportal nach Westen.

Glasierte Steine, Formsteine und Wappenfelder verliehen dem inzwischen „Schloss" genannten Gebäude ein gotisches Aussehen. 1890 wurde das alte Pforthaus abgerissen. 1952 erfolgte eine Instandsetzung des Sockelmauerwerks am westlichen Außenbau. Ein Jahr später wurde im „Schloss" ein Museum eingerichtet. 1969 erfolgte der Abriss des alten Walltors von 1839.

Nach diesen Umbauten ist von der originalen mittelalterlichen Substanz der Burg wenig erhalten geblieben. Das „Schloss"

steht in einem Garten, der um 1900 angelegt wurde. Als pittoreskes Element überwindet eine schmiedeeiserne Brücke den „Schlossgraben". Einige Wallreste sind noch erhalten, vor allem im Süden. Ferner stehen im Park einige Denkmale aus dem Kaiserreich. Das „Schloss" selbst ist von einem Wassergraben umgeben, der jedoch nicht bis an die Mauern heranreicht. Vier jeweils zweigeschossige Flügel bilden ein annähernd regelmäßiges Mauergeviert um einen Innenhof. Nach Süden wird das Aussehen des „Schlosses" durch zwei Treppengiebel geprägt. Sie sind erneuert worden und waren bis 1840 bzw. 1877 geschweift. Im Hof

steht der Abguss eines Gedenksteins für den Hamburger Hauptmann Dietrich Schreyge, der am 19. Juni 1420 bei der Belagerung von Bergedorf fiel. Auf dem Stein ist ein Kruzifix sowie eine Gedenkschrift zu sehen. Es handelt sich um das älteste Denkmal Hamburgs.

In den Fundamenten des Ostflügels von 1589/90 finden sich mittelalterliche Mauerreste eines Vorgängerbaus von 1467 bis 1469. An der Seite zum Graben ist noch altes Ziegelmauerwerk mit Sandsteinbändern zu erkennen. Auch der Keller im Inneren ist noch ursprünglich. Das Eingangsportal hat eine Rokokotür

mit geschnitztem Oberlicht. Darüber befindet sich eine Wappentafel mit einer nicht mehr vorhandenen Inschrift. Der 1610 errichtete Westflügel zeigt in seinem Südteil noch ursprüngliches, klosterformatiges Mauerwerk mit Sandsteinbändern. Der Nordteil mit Treppenturm und Tordurchfahrt stammt von 1888. Hier ist das Wappen von Hinrich Paschen eingelassen, der von 1608 bis 1614 Lübecker Amtmann war. An der Hofseite zeigen die Kellerfenster Segmentbögen und abgetreppte Gewände sowie Eisengitter in Durchstecharbeit.

Zwischen diesen beiden Flügeln spannt sich der Fachwerkflügel des Südtraktes von 1661. Sein Fachwerk hat an der Hofseite ein vorkragendes Obergeschoss mit profilierten Balkenköpfen. Er ist nahezu unverändert geblieben und zeigt Fenster mit Bleiverglasung. An der Außenseite ist das Fachwerk nur noch im Obergeschoss erhalten. Der gegenüberliegende Nordflügel, erbaut von 1897 bis 1901, zeigt die typische Formensprache der Hannoverschen Schule Conrad Hases.

Der Ingenieur Franz Andreas Meyer, der sich für die neogotischen Bauten in der Hamburger Speicherstadt verantwortlich zeichnete, war ein Schüler Conrad Hases. Die mittelalterliche Substanz des „Schlosses" hat sich nur in den Kellern erhalten. Das Innere ist geprägt durch Umbauten für Verwaltungszwecke. Im Erdgeschoss des Ostflügels hat sich eine Rokokostuckdecke erhalten. Im Obergeschoss befindet sich das 1901 eingerichtete Landherrenzimmer. Es diente als Sitzungs- und Amtszimmer und besitzt eine aufwändige Ausstattung mit besonders reichen Intarsien, ein damals in den Vierlanden gepflegtes Kunsthandwerk, sowie Fliesen nach Motiven des Malers Hermann Haase. Die Stühle stammen vom Intarsientischler Ernst Timmann. Im Erdgeschoss des Ostflügels hat sich eine Rokokostuckdecke erhalten.

Heute beherbergt das „Schloss" das „Museum für Bergedorf und die Vierlande", in dem auch Pläne und Modelle des früheren „Schlosses" zu sehen sind. Die Ausstellung zur Geschichte und Kultur von Stadt und Land zeigt mit dem „Hitscher-Zimmer" eine typische Vierländer-Stube. Das Zimmer wurde 1900 für das „Museum für Kunst und Gewerbe" erworben und um 1935 in Bergedorf aufgebaut. ☀

☼ Reinbek – Schloss

Die Stadt Reinbek liegt auf holsteinischer Seite an der Bille. Hier erfolgte im Jahre 1250 die Gründung eines Klosters, das im Zuge der Reformation 1529 aufgelöst wurde und an den Landesherrn fiel. 1534 wurden seine Bauten in der Grafenfehde zerstört. Von 1571 bis 1576 ließ Herzog Adolf von Schleswig-Holstein-Gottorf am Ort des ehemaligen Klosters ein Schloss errichten. Die ursprünglich geplante Funktion dieses Schlosses, das als unregelmäßige Dreiflügelanlage gebaut war, ist unklar. 1586 kam es als Leibgedinge an die Witwe des Herzogs, Christine von Hessen. Ob sie das Schloss tatsächlich bewohnte, ist nicht bekannt.

1614 wurde das Schloss Reinbek erneut Leibgedinge, diesmal für die Gattin von Herzog Johann Adolph, Augusta von Dänemark. Obwohl ihr Hauptsitz Husum war, ließ sie das Haus in Reinbek umbauen. So wurde um 1620/21 im Kopfbau des Schlosses eine Kapelle eingerichtet, die von den Anwohnern Reinbeks bis 1904 für Gottesdienste genutzt wurde.

Nach Süden kam ein Erweiterungsbau mit einem zusätzlichen Treppenturm hinzu. Im Garten entstand 1617 ein zweistöckiges Lusthaus. Der Garten wurde aufwändig bepflanzt und gestaltet. 1633 kam ein weiteres Lusthaus mit Badestube hinzu, das 1707 abgerissen wurde.

Nach dem Tod von Christine von Hessen 1739 wurde Reinbek unter Herzog Friedrich III. gelegentlich als Jagdschloss genutzt. Ab 1746 diente das Schloss als Amtssitz des Herzogs. Schließlich wurde das Schloss 1874 versteigert. Die neuen Besitzer, Familie Specht, bauten das Haus noch im selben Jahr zu einem Hotel um. Die größte Veränderung war ein neogotisches Treppenhaus, das in der Mittelachse vor dem Südflügel in einem Risalit eingebracht wurde.

1919 zog das Erholungsheim „Pniel" in das Schloss ein. Von 1939 bis 1949 hatte das Reichsinstitut für ausländische und koloniale Forstwirtschaft hier seinen Sitz, von 1949 bis 1976 die daraus hervorge-gangene Bundesforschungsanstalt für Holz- und Forstwirtschaft. Bereits 1972 wurde das Schloss von der Stadt Reinbek und dem Kreis Stormarn erworben. Nach dem Auszug der Forschungsanstalt begannen 1977 Restaurierungs- und Rückbauarbeiten, die 1980 abgeschlossen wurden. Durch die Entfernung des neo-gotischen Treppenhauses und eine Öff-nung der Arkaden bekam das Schloss sein ursprüngliches Aussehen weitgehend zurück. 1985 erfolgte die Neugestaltung des Parks.

Das Schloss präsentiert sich heute als eine unregelmäßige, offene Dreiflügelanlage. Ehemals befand sich an der offenen Seite ein Mauerabschluss mit Mittelportal.

Adresse
Schlossstraße 5
21465 Reinbek

Nutzung
Kultur- und
Kommunikationszentrum
www.schloss-reinbek.org

Der unverputzte Backsteinbau hat eine horizontale Gliederung durch weiße Sandsteinbänder. Die Fenstergewände sind ebenfalls aus Sandstein. Über den Fenstern sind stichbogenartige Entlastungsbögen angebracht. Hauptgestaltungselement des Schlosses sind Kreuzstockfenster. Sie sind dicht übereinander angeordnet und größtenteils zu Gruppen zusammengefasst. Sandsteinbänder und Sohlbankgesimse betonen die Geschosse. Die Oberlichter der Fenster hatten ehemals eine feststehende Bleiverglasung. Im Untergeschoss gab es so genannte Luchten, die durch nach außen schlagende Holzläden geschlossen wurden. Die heute vorhandenen Fensterläden sind nach niederländischen Vorbildern rekonstruiert worden. Der umlaufende Granitquadersockel stammt von einer Grundinstandsetzung 1787. Das modern verschieferte Walmdach folgt dem historischen Zustand des 16. Jahrhunderts. Aufgrund des tief gezogenen Dachs wirkt das erste Obergeschoss an der Hofseite wie ein Halbgeschoss.

An zwei Seiten des Hofs befinden sich im Erdgeschoss offene Arkaden mit Sandsteinsäulen dorischer Ordnung. Die dorische Ordnung entspricht der niederen Stellung des Baus. Die Arkaden sind nicht rundbogig, sondern korbbogig gebaut.

In der Ecke des Hofs steht ein Treppenturm. Seine Haube wurde 1707 in alter Form erneuert. Weitere Treppentürme wurden an den Außenseiten des Schlosses errichtet. An der Außenseite des Nord- und Ostflügels gab es mehrere Aborterker, wovon einer in charakteristischer Form von zwei gekuppelten Halbrundtürmen am Kopfbau erhalten geblieben ist.

Das Innere des Schlosses birgt nur wenige historische Räume, auch an Ausstattung ist kaum etwas erhalten. Aus Brandschutzgründen waren die Räume gewölbt. Heute erschließt ein zentral gelegenes Treppenhaus die verschiedenen Geschosse. Die Geschossdecken werden in beiden Geschossen von Eichenbalken getragen. Über den Arkaden verläuft im Obergeschoss ein Korridor. Er erschloss die Wohnräume, bei denen es sich um die im 16. Jahrhundert üblichen Stubenappartements handelte, die nur aus zwei Zimmern bestanden, einer beheizbaren Stube und einem Schlafgemach. Die Beheizung der Gemächer erfolgte offenbar durch offene Kamine. Öfen hat es nicht gegeben.

Im Südflügel lagen zwei Säle übereinander. Daher gibt es hier keine Arkaden oder Korridore. Der obere Saal diente im 18. Jahrhundert als Audienzsaal.

Aus der Zeit der Umgestaltung unter Herzogin Augusta zu Beginn des 17. Jahrhunderts stammt eine reich bemalte Balkendecke mit Beschlag- und Rollwerk im so genannten Stormarnzimmer. Ebenfalls bemerkenswert ist die Ausstattung des Jagdzimmers. Der originale Dachstuhl ist in weiten Teilen erhalten. Er hat eine niederländische Kniestockkonstruktion aus krumm wachsenden Eichenbindern.

Das Schloss in Reinbek gehört zu den bedeutendsten Renaissanceschlössern im Raum Hamburg und Schleswig-Holstein.

Es handelt sich um den ersten Schlossbau in dieser Region, der nicht fortifikatorischen Zwecken diente und über keine Wehrelemente verfügte. Zudem ist das Schloss Reinbek das einzige Haus in Schleswig Holstein, das aus der Zeit von Herzog Adolf I. erhalten ist.

Der Bau macht einen starken niederländischen Eindruck. Hierzu tragen die Sandsteinbänder (Speklagen) bei, die ebenso wie Arkaden typisch für die Niederlande sind. Die Gestaltungsmittel wurden streng und sparsam, aber prägnant gesetzt.

☼ Aumühle – Herrenhaus Friedrichsruh

Friedrichsruh wird vor allem mit dem Namen Fürst Otto von Bismarck, Gründer des Deutschen Reichs und erster Kanzler, in Verbindung gebracht. Die Geschichte des Ortes ist jedoch bedeutend älter. 1228 gab der Erzbischof von Bremen den Herzögen von Sachsen-Lauenburg den Sachsenwald zu Lehen. Aus dieser Zeit stammt der Name Sachsenwald. Es handelte sich um ein altes Jagdgebiet, um das sich nach 1420 die Städte Hamburg und Lübeck sowie die Herzöge stritten. Auch unter den Lauenburger Herzögen und ihren Nachfolgern, den Herzögen von Braunschweig-Lüneburg, den Kurfürsten von Hannover und den Königen von England, blieb der Forst ein beliebtes Jagdgebiet. Der Sachsenwald ist noch heute gemeindefreies Land und mit 60 Quadratkilometern die größte geschlossene Waldfläche in Norddeutschland.

Seinen Namen erhielt Friedrichsruh nach dem Grafen Friedrich Carl August von der Lippe, der im Lauenburgischen als Statthalter des Kurfürsten und englischen Königs in Ratzeburg residierte und sich im Sachsenwald 1763 ein Forsthaus angemietet hatte. Drei Jahre später erwarb er das Haus vom Hamburger Kaufmann Johann Daniel Wuppermann und ließ es schon ein Jahr später zu einem Jagdschloss umgestalten. Nach dem Tod von Friedrich Carl August im Jahre 1781 ging das Gebäude an den Hamburger Kaufmann J. A. Willink. Der Name Friedrichsruh aber blieb. 1859 wurde der Bau abgerissen.

1846 entstand in der Nähe des alten Jagd-
hauses das Hotel Frascati. Der Sachsenwald war inzwischen eine beliebte
Sommerfrische geworden. Nachdem das
Haus 1857 abbrannte, wurde es durch
einen Steinbau ersetzt. Als der 1871
frisch in den Fürstenstand erhobene Otto
von Bismarck am 24. Juli 1871 das Amt
Schwarzenbek mit dem Sachsenwald vom
preußischen König und neuen Kaiser
Wilhelm I. geschenkt bekam, kaufte er
das Hotel. Er ließ es durch den Ausbau
eines Flügels erweitern. Die Familie von
Bismarck lebte bis zum Einzug in den
neuen Wohnsitz 1897 in einem 1873
durch den Hamburger Architekten Friedrich Stammann (1807 bis 1880) erbauten
Fachwerkhaus. Nach dem Umzug in das
neue Herrenhaus übernahm die Ober-
försterei das Fachwerkhaus, das heute
noch erhalten ist.

Ob Bismarck seinen Wohnsitz ursprünglich in
das umgebaute Hotel verlegen wollte, ist
nicht geklärt. Es gibt die Anekdote, dass
er 1874 mit seinen Hunden nach Reinbek
aufbrach, um dort bei der Versteigerung
des Schlosses mitzubieten. Auf dem Weg
dorthin hätten die Hunde jedoch ein Reh
gehetzt, weshalb der Fürst erst in Reinbek
eintraf, als die Versteigerung bereits beendet war.

Im alten Hotel selbst wurde nur wenig
umgebaut. Sogar die Zimmernummern
blieben an den Türen. Bismarck hatte die
Bezeichnung „Schloss" für seinen Wohnsitz
immer abgelehnt.

1878 begann Bismarck mit der Anlage
eines Parks. 1880 wurde für ihn ein
Bahnhof in Friedrichsruh erbaut. 1890
erhielt er mit seiner Entlassung die
Erhebung zum Herzog von Lauenburg,
ein Titel, den Bismarck nie geführt hat.
Als Bismarcks Gattin 1894 und er selbst
1898 starb, wurde 1898/99 durch den
Architekten Ferdinand Schorbach gegenüber des Herrenhauses ein Mausoleum
erbaut, in dem beide 1899 beigesetzt
wurden.

1938 begann eine umfassende Modernisierung des Hauses. Auch der Park wurde
umgestaltet. Doch am 29. April 1945
wurde das Herrenhaus durch Brand-
bomben einer britischen Bomberstaffel
zerstört. Die Schwedin Ann-Mari von
Bismarck, Gattin Ottos II., kümmerte sich
anschließend um den Wiederaufbau.
Schon 1949 war der Wiederaufbau auf
den Grundmauern des alten Gebäudes
weitgehend abgeschlossen. Die Pläne
lieferten die bekannten Hamburger
Architekten Erich Elingius und Gottfried
Schramm. Vorerst wurde nur ein Flügel
errichtet. An der Innenausstattung des
Neubaus war Ann-Mari von Bismarck
aktiv beteiligt. Ihr Gatte Otto II. ließ ein
Bismarck-Museum im früheren Gästehaus
auf der gegenüberliegenden Straßenseite
einrichten. 1982 erhielt das Schloss
durch die Architekten Harald Peters und
Thies Thams einen zusätzlichen Trakt.
Auch hier prägte Ann-Mari von Bismarck
die Innenarchitektur.

Adresse
Schlossweg
21521 Aumühle-
Friedrichsruh

Nutzung
Privatbesitz,
Bismarck-Museum
im „Alten Landhaus"
www.bismarck-stiftung.de

Das alte Herrenhaus bestand aus verschiedenen Flügeln und hatte einen Turm. Der Neubau ist ein zweigeschossiges Gebäude mit Walmdach und entspricht in seiner neoklassizistischen Formensprache dem Vokabular, das Elingius bereits vor dem Krieg verwendete. Der Putzbau verfügt über steinsichtige, profilierte Fenstergewände. Im Obergeschoss besitzen die Fenster einen geraden Sturz. Die Fenster des Erdgeschosses sind hingegen deutlich höher und verfügen über einen Segmentbogenabschluss. Es gibt keinerlei Ähnlichkeiten mit dem zerstörten Herrenhaus. Der Anbau von 1982 verunklärt mit seinen Balustraden, einem pavillonartigen Wintergarten und Dachterrassen den Bau von Elingius. Nach Westen und Norden erstreckt sich der Garten mit einer Wiese und schönen Blickbezügen auf den Bachlauf der Schwarzen Aue mit seinen künstlich geschaffenen Teichen und Inseln.

Das Herrenhaus ist nicht zu besichtigen, auch nicht von außen, da bereits Otto I. von Bismarck zum Schutz gegen Fremde eine Mauer errichten ließ. Vor dem Haus befindet sich seit 1951 das so genannte Bismarck-Museum. Es ist im „Alten Landhaus" untergebracht, einem Fachwerkbau von 1887. Hier werden Gegenstände ausgestellt, die nach dem Bombenangriff aus dem Herrenhaus gerettet werden konnten. Auch Fotografien vom alten Gebäude und Aufnahmen aus verschiedenen Zimmern werden gezeigt. Auch können zahlreiche persönliche Hinterlassenschaften wie beispielsweise das Arbeitszimmer Bismarcks aus dem Herrenhaus besichtigt werden.

Der Platz für den Bau des Mausoleums wurde von Bismarck selbst bestimmt. Es erhebt sich auf einer Anhöhe im Wald und ist ein zweigeschossiger Tuffsteinbau auf Granitsockel. Vorbild war das Mausoleum Theoderichs des Großen in Ravenna aus dem 6. Jahrhundert. Die zweigeschossige, oktogonale Kapelle mit Rippengewölbe erhält ihr Licht durch Fächerfenster. Das Mausoleum ist ein typischer Bau des Wilhelminismus. In zwei Marmorsarkophagen ruhen Fürst Otto von Bismarck und seine Gemahlin. Bis zur Einrichtung der Bismarck-Gedächtniskirche in Aumühle 1930 diente die Kapelle zugleich als Gemeindekirche.

Seit 1985 zieht ein „Garten der Schmetterlinge" auf dem Gelände der ehemaligen Gärtnerei viele Besucher nach Friedrichsruh. Hier können farbenprächtige Falter aus Afrika, Asien und Südamerika bewundert werden.

Im ehemaligen Bahnhof von Friedrichsruh hat heute die 1996 gegründete Otto-von-Bismarck-Stiftung ihren Sitz. Ihr Zweck ist die ehrende Erinnerung an den Staatsmann Bismarck durch die Aufarbeitung seines Nachlasses und die Durchführung von Ausstellungen. Neben einer öffentlichen Bibliothek sowie Seminar- und Arbeitsräumen gibt es dort auch die Dauerausstellung „Otto von Bismarck und seine Zeit". ☀

Basthorst – Herrenhaus

Das heute eher unscheinbare Haus in Basthorst im Norden des Sachsenwaldes war ehemals der Sitz eines adligen Lehngerichts im Herzogtum Lauenburg. Die erste Erwähnung erfolgte bereits 1278. Auf Basthorst saß die bedeutende Familie von Schack, die zu den ältesten Familien des Herzogtums gehörte. In Basthorst ist sie seit 1391 nachweisbar. 1648 verkaufte die Familie von Schack Basthorst an Peter von Uffeln, der aus einer niederländischen Kaufherrenfamilie stammte. 1719 ging Basthorst an die

Familie von Plessen. Die heute vorhandenen Bauten wurden in ihren Ursprüngen 1750 errichtet. Sie sind später mehrfach umgebaut worden. 1770 gelangte Basthorst an die Familie von Buchwald. Weitere Besitzerwechsel folgten. Basthorst blieb immer im Besitz der Familie. Als so genanntes Kunkellehen konnte es auch über die weibliche Linie vererbt werden, was die häufigen Namenswechsel der Besitzer erklärt. Sein heutiges Aussehen erhielt das Gutshaus 1956, als der Bestand umgebaut und mit einem Anbau versehen wurde, so dass aus dem Gutshaus eine Dreiflügelanlage wurde.

Adresse
Auf dem Gut 3
21493 Basthorst

Nutzung
Privatbesitz,
Gutswirtschaft,
Unterkunft
www.gut-basthorst.de

Ehemals war das Gut von einem Graben umgeben. Das Gutshaus präsentiert sich heute als ein einfacher eingeschossiger Fachwerkbau. Er war anfänglich mit Reet gedeckt und erhielt erst 1908 ein ziegelgedecktes Dach. Die unregelmäßige Dreiflügelanlage ist nicht unterkellert und wurde ursprünglich nur als Jagd- und Sommeraufenthalt errichtet. Die Flügel des Mittelteils gehen auf das Jahr 1956 zurück. Individualität gewinnt die Anlage durch die eigenwillig geschwungene Gauben- und Giebelgestaltung in Bogenform.

Dem Herrenhaus ist ein Wirtschaftsbereich vorgelagert. Hier sind noch eine Scheune aus dem Jahr 1863 und ein Kuhstall von 1907 erhalten. Im ehemaligen Pferdestall ist heute eine Gutswirtschaft untergebracht. Das Herrenhaus kann nur im Rahmen von Tagungen oder öffentlichen Veranstaltungen besucht werden. In den Wirtschaftsbauten haben sich verschiedene Handwerksbetriebe niedergelassen.

Glinde – Sönke-Nissen-Haus

Wie Reinbek liegt auch Glinde in Holstein und nicht im Lauenburgischen. Glinde selbst wird zwar bereits 1229 genannt, das an der Möllner Landstraße 53 gelegene Gutshaus ist jedoch bedeutend jünger. Das Gut entstand erst im 19. Jahrhundert durch Zusammenkauf und Zusammenlegung von altem Hufenbesitz. 1879 wurde durch den Hamburger Industriellen Eduard Bartels Banks ein Hof modernster Art geschaffen. Banks Sohn Hans Rudolf studierte Landwirtschaft. Er übernahm 1888 den Hof und ließ die alten Gebäude abbrechen sowie ein neues Gutshaus errichten. Das Gut selbst wurde nach modernsten Gesichtspunkten eingerichtet. Sogar in den Kuhställen gab es damals elektrisches Licht. Glinde wurde ein florierender Milchbetrieb.

Bereits 1894 verpachtete Banks das Gut an den Ökonomierat Franz Rudorff, der das Gut 1901 kaufte. 1912 erwarb es Sönke Nissen. Nissen war Nordfriese und in den deutschen Kolonien in Afrika zu Reichtum gekommen, als er Diamantfelder entdeckte. Er ließ das Gutshaus durch den Architekten August Odt umbauen. Das Gut wurde als Milchmusterbetrieb weiter ausgebaut. Nach dem Tod von Nissen 1923 verpachteten seine Erben das Gut. Von 1928 bis 1967 hatte es Emil Pritschau. Nach seinem Tod wurde der Gutshof aufgelöst und 1970 in die Glinder Feldmark verlegt. 1976 gründete sich die Stiftung „Gemeinschaftszentrum Sönke-Nissen-Park", um das vom Abbruch bedrohte Gutshaus zu erhalten. Es wurde 1978 renoviert und steht seit 1988 unter Denkmalschutz. Es ist heute Gemeinschaftszentrum der Stadt Glinde.

Ehemals war der gesamte Hof Glinde von einer Mauer umgeben. Dabei folgte das Gut nicht den üblichen Mustern: Park und Gutshaus lagen nicht mit den Hofanlagen zusammen. Vielmehr waren Wirtschaftshof und Park von einer Mauer geschieden. Das Gutshaus wurde schlicht gestaltet. Es handelte sich um einen zweigeschossigen verputzten Sandsteinbau mit Krüppelwalmdach und einem Rundturm an der Nordwestecke (heute abgebrochen). Einen besonderen Akzent setzt ein an der Südseite gelegener viergeschossiger Eingangsturm. Unter Sönke Nissen kam der eingeschossige Anbau vor dem Eingang mit Garderobe, Windfang, sanitären Anlagen und Dienerzimmer hinzu. Das Dach wurde in ein Mansarddach umgewandelt und ausgebaut. An den Längsseiten entstanden in den mittleren drei Achsen Vorbauten und Risalite. Im Westen kam ein Wintergarten an das Haus sowie eine große Veranda. Eine Freitreppe führte in den Park mit seinen exotischen Pflanzen und Bäumen. Damit suchte Nissen, den schlichten Bau an die Villenarchitektur des Kaiserreichs anzugleichen.

Vor dem Gebäude hat sich die ehemalige Remise erhalten, die heute von einem Restaurant genutzt wird. Im Gutshaus selbst befindet sich das Gemeinschaftszentrum Sönke-Nissen-Park Stiftung.

Adresse

Möllner Landstraße 53
21509 Glinde

Nutzung

Gemeinschaftszentrum
der Sönke-Nissen-Park
Stiftung
www.gutshaus-glinde.de

☼ Wotersen – Herrenhaus

Wotersen wurde erst im 15. Jahrhundert als adliges Gut gegründet. Zuvor gehörte es zum Gericht Basthorst. 1408 gelangte Wotersen an die Familie von Dalldorf, 1717 an Andreas Gottlieb Freiherr von Bernstorff. Bernstorff war Premierminister des Kurfürstentums Hannover und lebte in London, wo auch der hannoversche Kurfürst als König von England regierte. 1720 brachte Bernstorff Wotersen in einen Fideikommiss ein. Ab 1721 ließ er das Gutshaus nach einem Entwurf von Johannes Caspar Borchmann, Oberbaumeister des Herzogs Georg Wilhelm, komplett neu aufbauen. Erst nach Borch-

manns Tod wurde das neue Herrenhaus von 1759 bis 1762 durch den hannoverschen Hofbaumeister Johann Paul Heumann vollendet. Bereits 1721 waren auch ein Verwalterhaus und ein Brauhaus erbaut worden.

1737, in der Zeit des Neuaufbaus, gelangte Wotersen an Johann Hartwig Ernst Graf von Bernstorff, der durch Heirat auch das Gut Borstel in Holstein erhielt. Die Gartengestaltung war über 50 Jahre aufgeschoben und erst unter Graf Johann Ernst Hartwig Bernstorff nach Entwürfen von Nicolas-Henri Jardin 1771 in Ansät-

zen vollendet worden. Bernstorff war dänischer Außenminister, verlor aber 1770 das Vertrauen des Königs und setzte sich in Wotersen zur Ruhe. Erst Mitte des 19. Jahrhunderts ließen sich die Bernstorffs endgültig auf dem Gut nieder. Nun wurde ein Landschaftsgarten angelegt. Erst Ende des letzten Jahrhunderts mussten die Nachkommen Wotersen veräußern.

Über einen in sumpfigem Gelände eigens aufgeschütteten Damm gelangt man in der Hauptachse zum Gut. In der Mittelachse befindet sich ein Teich, dem sich der von Wirtschaftsgebäuden umstandene Wirtschaftshof anschließt. Nah am Herrenhaus hat sich der alte Pferdestall mit Remisen erhalten. Hier ist auch der Konzertsaal für das Schleswig-Holstein Musikfestival untergebracht. Endpunkt der Achse ist die repräsentative Dreiflügelanlage des Herrenhauses. Sein Hauptflügel ist dreigeschossig und hat ein hohes Walmdach. Ihn schmückt ein dreiachsiger Mittelrisalit mit Dreiecksgiebel. Das Giebelfeld nimmt das Wappen der Bernstorffs und den Schriftzug auf „Liber baro a Bernstorff has Aedes extrui fecit anno domini 1736". Der Risalit wird wie das Gebäude selbst von einer Eckquaderung eingefasst. Zwischen Erd- und erstem Obergeschoss verläuft ein Gurtgesims, das vom hohen Sandsteinportal der Tür geschnitten wird. Die hohen Fenster im Obergeschoss lassen erkennen, dass es sich hier um das Hauptgeschoss handelt.

Der Bau ist verputzt und gelb gefasst, die Gliederungselemente sind weiß. Dies ist für einen Bau aus dieser Zeit nördlich der Elbe ungewöhnlich, da damals in Holstein zumeist Backsteinbauten entstanden.

Die Seitenflügel sind im Gegensatz zum Hauptbau nur zweigeschossig, besitzen jedoch ebenfalls ein Walmdach. Sie sind über flach gedeckte Verbindungsbauten mit dem Hauptflügel verbunden und nur mittels umfassender Lisenen gegliedert.

Die Rückseite des Herrenhauses ist zweigeschossig, da das Gebäude in den Hang gebaut wurde. Auch hier wird die Fassade von einem Mittelrisalit betont. Der Park hinter dem Schloss ist nicht zu betreten.

Das Innere des Schlosses birgt aufwändige Innenräume mit Parkettfußböden und Deckenstuck aus der Zeit nach 1850. Das Äußere des Schlosses wird einigen Fernsehzuschauern aus der ZDF-Serie „Das Erbe der Guldenburgs" bekannt sein. Die Außenaufnahmen wurden auf Schloss Wotersen, die Innenaufnahmen auf Gut Hasselburg gedreht.

Das Schloss kann nicht besichtigt werden. Jedoch hat ein seit 1999 in Wotersen ansässiger Fachbetrieb für Gartenarchitektur, Garten- und Landschaftsbau einen Schaugarten sowie in der alten Schlossküche einen so genannten „GartenLaden" eingerichtet.

Adresse
21514 Wotersen

Nutzung
Veranstaltungen im
Bereich Kunst und Kultur

Im Norden von Hamburg an Alster und Wandse

Im Gebiet von Alster und Wandse befinden sich die Burgen und Herrenhäuser aus allen Epochen in einer zumeist herausragenden Qualität. Sie sind größtenteils der Öffentlichkeit zugänglich.

Selbst Burgruinen aus dem frühen Mittelalter sind in der Region zu finden, über ihre Geschichte wie etwa die der Mellingburg in Hamburg-Sasel gibt es allerdings keine historischen Überlieferungen. Erst im Spätmittelalter werden die Anlagen in den Urkunden greifbar. Damals war das Gebiet im Norden von Hamburg noch stärker als der Bergedorfer Raum von den Handelsinteressen Hamburgs und Lübecks geprägt. Hier verlief die kürzeste Verbindung zwischen beiden Städten. Immer wieder gingen die Städte gegen verschiedene Rittergeschlechter und Burganlagen vor. Zugleich war hier ein Grenzraum zwischen den verschiedenen Schaumburgischen Teilgrafschaften in Holstein. Einige Burgen entstanden im Rahmen der internen Auseinandersetzungen um die Schlüsselstellungen in Ostholstein. Ahrensfelde etwa wurde von der Kieler Linie zur Abwehr der Burg Wohldorf errichtet, die zur Pinneberger Linie gehörte. Anschließend gelangte Ahrensfelde an die Plöner Linie. Die Pinneberger Grafen wurden immer weiter in den Westen abgedrängt und mussten Wohldorf aufgeben. 1322 wurde die Alster die Grenze und Wohldorf fiel an Holstein-Plön.

Bereits 1306 hatten sich die Städte Lübeck und Hamburg darauf geeinigt, die gräflichen Burgen in Ahrensfelde und Wohldorf sowie einen Turm in Travemünde zu zerstören. Die Burgen blieben jedoch vorerst bestehen. Wohldorf verlor seine Bedeutung, als 1326/27 in Trittau ein neuer Verwaltungsmittelpunkt gegründet wurde. Bis 1347 ist die Existenz der Wohldorfer Anlage noch bezeugt. Damals sollte die Burg – wie auch das benachbarte Ahrensfelde – laut einem Vertrag von den Hamburgern zusammen mit den holsteinischen Grafen zerstört werden. Eine Urkunde oder ein sonstiges Anzeichen für ein gewaltsames Niederlegen der Burg existiert jedoch nicht.

So agierten die Städte nicht nur allein, sondern auch mit den Grafen zusammen. Auf Burg Stegen saßen die Herren von Hummersbüttel. Ebenfalls 1347 schlossen die Grafen Johann, Heinrich und Gerhard von Holstein mit Hamburg ein Bündnis zur Belagerung der Burg und ihrer Zerstörung. Die kleine Anlage mit einer Kernburg mit Wohnturm und einer um den Kernbereich gelegten Vorburg mit Wassergraben wurde tatsächlich zerstört und die Hummersbüttel wichen nach Borstel aus. Ihr vormals großer Einfluss, der noch auf das Hochmittelalter zurückging, war gebrochen. Ende des 15. Jahrhunderts starb die Familie aus.

Im Raum nördlich von Hamburg konnte die Stadt Hamburg im späten Mittelalter ein kleines Territorium aufbauen. 1440 gelangte Wohldorf an die Stadt. Sie errichtete hier eine neue Anlage und machte Wohldorf zum Verwaltungsmittelpunkt ihrer dort gelegenen Besitzungen. Der Hamburger Rat bestellte für die Verwaltung des ehemaligen Ritterguts Wohldorf und für die Aufsicht über die Alster und die anderen in diesem Raum hinzuerworbenen Dörfer zwei Ratsmitglieder, die zunächst Landherren genannt wurden.

Noch im 15. Jahrhundert wurde aber die Waldherrschaft „Hans- und Wohldorp" errichtet. Die Waldherren verwalteten nicht nur den Bereich und übten obrigkeitliche Rechte aus, sondern standen auch dem Jagd- und Forstwesen vor. 1830 entstand der Verwaltungsbezirk der „Landesherrschaft der Geestlande". Erst jetzt wandelte sich Wohldorf zu einer Art Sommerfrische für die Mitglieder des Rates.

In der frühen Neuzeit entstanden nördlich von Hamburg bedeutende Herrenhäuser. Borstel (1747/48) ist eine der wenigen Anlagen, die schlossartigen Charakter erreicht hatten und einen differenzierten Grundriss mit modernen Raumfolgen und getrennten Bereichen für das Personal mit eigenen Fluren und Treppen besaßen. In Wellingsbüttel konnte sich sogar eine kleine reichsunmittelbare Herrschaft bilden, die erst 1806 von Dänemark besetzt wurde.

Von großer Bedeutung waren auch die Herrenhäuser in Wandsbek und Ahrensburg. Sie wurden von Mitgliedern der berühmten Familie Rantzau erbaut, einem Uradelsgeschlecht Schleswig-Holsteins. Die Familie Rantzau hatte im 16. Jahrhundert die Geschichte Schleswig-Holsteins nachhaltig geprägt. Aus ihren Reihen stammten bedeutende Feldherren und königliche Statthalter in den Herzogtümern. Zugleich waren sie gebildete Humanisten, unter denen vor allem Heinrich von Rantzau, der Erbauer des Herrenhauses in Wandsbek, hervorzuheben ist. In der zweiten Hälfte des 18. Jahrhunderts gelangten beide Objekte an Heinrich Carl von Schimmelmann: 1759 erwarb er Ahrensburg, 1762 Wandsbek. Beide Anlagen wurden grundlegend umgestaltet. Schimmelmann war ein Aufsteiger aus Vorpommern, der im Siebenjährigen Krieg zu Geld gekommen war und vom Dänischen Staatsminister Johann Hartwig Ernst Bernstorff zum Erwerb von Ahrensburg aufgefordert wurde, da der Minister wünschte, dass der erfahrene Finanzmann den dänischen Staat sanieren sollte.

Schimmelmann wurde dänischer Untertan und erfüllte die Erwartungen zu vollster Zufriedenheit. Er wurde Mitglied der dänischen Landwesenkommission und königlich dänischer Generalcommerzintendant. Außer Ahrensburg und Wandsbek erhielt er die Baronie Lindenborg in Jütland. Weitere Besitzungen in Dänemark und den Kolonien folgten. Nach dem Gottorfer Vergleich 1768 wurde er Schatzmeister. Schimmelmann lebte im Winter in Kopenhagen und nutzte Ahrensburg als Sommerwohnsitz. Wandsbek wurde sein Alterssitz. Mit Schimmelmann kündigte sich eine neue Zeit an. Nicht mehr die altadlige Abstammung, sondern Geld und Einfluss wurden entscheidend.

Diese Entwicklung setzt sich bis zur Familie Henneberg fort, die sich in Poppenbüttel in der zweiten Hälfte des 19. Jahrhunderts einen Gutsbesitz kaufte, der jedoch nie den Status eines der alten adligen Güter Holsteins erlangte. Hier wurde 1887 eine der kuriosesten Burgen Norddeutschlands errichtet: Die Parkburg Henneburg wurde im Maßstab eins zu vier erbaut.

Das 19. und 20. Jahrhundert brachten das Ende der Güter mit sich. Bereits vor ihrer Auflösung 1928 existierten viele nicht mehr. Die Güter waren nicht mehr wirtschaftlich und wurden, sofern sie in Stadtnähe lagen, aufgesiedelt. Bereits 1857 traf Wandsbek dieses Schicksal – das Herrenhaus wurde 1861 abgerissen –, 1914 folgte Wellingsbüttel. Ahrensburg bestand bis 1931. ✳

✳ Hamburg-Bergstedt – Die „Curia in Rodenbeke"

Die „Curia mea in Rodenbeke" wurde erstmals 1345 urkundlich erwähnt. Damals verkaufte der Knappe Heinrich von Wedel die Curia zusammen mit der dazugehörigen Mühle und den beiden Dörfern Bergstedt und Sasel an das Hamburger Domkapitel. Am 26. Mai 1345 gab der Sohn des Lehnsherrn, Graf Gerhard von Holstein-Plön, seine Zustimmung zur Veräußerung des Lehnguts. Wie viele holsteinische Adelsfamilien ist auch die Familie Wedel zu Beginn des 14. Jahrhunderts in finanzielle Schwierigkeiten geraten. Schon 1320 hatte Heinrich von Wedel Einkünfte aus Sasel und Bergstedt an das Hamburger Domkapitel verkaufen müssen.

Mit der Curia werden einige kleine Inseln im Rodenbeker Quellental in Verbindung gebracht, von denen eine deutlich herausragt. Der Durchmesser des Hügels misst an der Basis 20 Meter und ragt viereinhalb Meter über den Wasserspiegel. Umgeben ist der Hügel von einer flachen Berme von zwei bis drei Metern. Es handelt sich hier wahrscheinlich um die Reste einer ehemaligen Turmhügelburg. Auf dem aufgeschütteten Hügel erhob sich vermutlich ein mehrstöckiger Turm aus Fachwerk. Um den Turmhügel verlief

wahrscheinlich ein Graben von ungefähr acht bis zehn Metern Breite. Es wird angenommen, dass um diesen Graben ein Wall aufgeschüttet war. Wall und Turm dürften durch Palisaden zusätzlich bewehrt gewesen sein. Vor dieser Anlage hat vermutlich ein Wirtschaftsbereich gelegen. Auch die Wohnung des adligen Herrn lag wohl außerhalb der Burg nahe der Mühle.

Wenn auch eine Curia nicht als Burg bezeichnet werden kann, Curia steht im Raum Hamburg für einen adligen Hof oder Wohnsitz, so rechtfertigt die Rekonstruktion von Risch 1986 die Zuordnung aufgrund der baulichen Gestalt. Damit erhöht sich die Anzahl möglicher Burgen (bzw. burgähnlicher Gebäude) im Großraum Hamburg erheblich, da auch andere Curiae eine ähnliche Gestalt gehabt haben könnten. ✳

Adresse
Iloh, Rodenbekredder
22395 Hamburg

Nutzung
verschwundene Burg

✳ Hamburg-Wohldorf-Ohlstedt – Herrenhaus Wohldorf

Das an der Herrenhausallee 4 gelegene Herrenhaus ersetzt eine ältere Burganlage. Die Burg Wohldorf wurde erstmals 1306 genannt, als sich die Städte Lübeck und Hamburg darauf einigten, die „castella arnesfelde et woltorpe", also die Burgen Ahrensfelde und Wohldorf, zu zerstören. Begründet wurde die Burg vermutlich nach einer schaumburgischen Landesteilung 1295. Sie diente als Mittelpunkt einer kleinen Verwaltungseinheit (Vogtei). Die Schaumburger Grafen aus Pinneberg wurden 1320 aus Wohldorf vertrieben. 1326/27 gründete Graf Johann III. von Holstein-Plön eine neue Burg in Trittau, die als Verwaltungsmittelpunkt Wohldorf und Ahrensfelde ablöste. Nach 1330 hatte Wohldorf also keine Funktion mehr im System der holsteinischen Lokalverwaltung.

Bis 1347 ist die Existenz der Burg bezeugt. Laut Vertrag sollte sie von Hamburgern und holsteinischen Grafen zerstört werden. Später wurde sie in Urkunden nicht mehr erwähnt.

Zur Burg gehörte ein Gut, das 1396 erstmals erwähnt wurde. 1437 gelang es der Stadt Hamburg, den so genannten Wohldorfer Distrikt als Pfand zu erhalten. Da er nicht wieder eingelöst wurde, gelangte Wohldorf 1440 endgültig an die Stadt. 1489 erfolgte der Bau eines Hauses, das als Verwaltung der so genannten Hamburgischen Walddörfer diente. In den Walddörfern übten die Hamburger das landes-

herrliche Recht der Jagd aus, wobei dem ältesten Waldherrn die Hohe Jagd und jedem Großbürger die Niedere Jagd zustand. Zweimal im Jahr wurden große Treibjagden veranstaltet.

Den alten Bau ersetzte ein von 1712 bis 1714 vom Zimmermeister Hans Georg Günther auf der Burginsel errichteter Bau, der als Amts- und Lusthaus für den Hamburger Rat, besonders aber für den Waldherrn, dienen sollte. Dieser Bau steht mit geringen Veränderungen noch heute. Spätere Umbauten modifizierten vor allem die Raumaufteilung, vor allem in der Zeit, als das Haus im 19. Jahrhundert zumeist als Erholungsort für Senatoren, Kämmerer und Deputierte diente. Nachdem die Waldherrschaft 1830 im neuen Verwaltungsbezirk der „Landesherrschaft der Geestlande" aufgegangen war, diente

Adresse

Herrenhausallee 4
22397 Hamburg

Nutzung

Privatbesitz

Wohldorf nicht mehr der Amtsausübung. 1928 wurde das Herrenhaus unter Denkmalschutz gestellt. Trotzdem kam es 1939 zu einem Ausbau für Verwaltungszwecke, wodurch die Raumaufteilung erneut geändert und Gauben ins das Dach eingebracht wurden.

Vom Zimmermeister Günther stammte noch ein weiterer Bau, ein Lusthaus, das 1712 in Uhlenhorst errichtet wurde und bis zur Zerstörung durch die Franzosen 1812/13 bestand.

Das alte Herrenhaus in Wohldorf hatte ursprünglich eine Zugbrücke nach Osten, die 1714 als Drehbrücke erneuert wurde. Sie war ehemals die einzige Verbindung aus der Burg heraus. Das repräsentative, zweigeschossige Herrenhaus von vier zu zwei Achsen war ehemals hell verputzt und präsentiert sich heute als Fachwerkbau. Es ist von einem Graben umgeben und besitzt ein Walmdach. Das Haus ist der Öffentlichkeit nicht zugänglich. ✳

✳ Hamburg-Wellingsbüttel – Herrenhaus

Das ehemalige Gut Wellingsbüttel gelangte 1412 in den Besitz der Bremer Erzbischöfe. Diese verpfändeten es vornehmlich an Hamburger Domherren. 1574 gelang es Heinrich von Rantzau, das Gut zu erwerben. 1643 erhielt es Dietrich Reinking. Er war Kanzler des evangelischen Erzbischofs von Bremen und späteren Königs Friedrich III. von Dänemark. Nach dem Ende des Dreißigjährigen Krieges, in dessen Folge das Erzbistum Bremen an Schweden gelangte, bestätigte die Schwedische Krone 1648 die Belehnung. 1651 erhob Königin Christina Wellingsbüttel sogar zum Allodialgut, also zu einem freien, souveränen Besitz. Eine Lehnsbindung bestand seitdem nur noch zum Kaiser in Wien. Reinking erbaute sich ein neues Herrenhaus.

1673 kam Wellingsbüttel an die Familie von Kurzrock. Ihr gelang es, bis zum Ende des Alten Reichs 1806 Wellingsbüttel gegen Dänemark als reichsunmittelbar zu behaupten. Das war aufgrund einer starken Anlehnung an den katholischen Kaiser möglich. So richtete die Familie im eigentlich lutherischen Holstein in Wellingsbüttel eine katholische Hauskapelle ein und übte hohe kaiserliche Funktionen in Norddeutschland aus. Sie führte das Direktorium über die Thurn und Taxissche Post in Hamburg. Grenzpfähle mit dem kaiserlichen Doppeladler wurden aufgestellt und markierten den Herrschaftsbereich der Familie von Kurzrock. 1757 ließen sie sich ein neues Herrenhaus sowie ein Torhaus erbauen. Der Architekt war vermutlich Georg Greggenhofer.

Adresse

Café im Herrenhaus
Alstertal-Museum
im Torhaus
Wellingsbüttler Weg 75a
22391 Hamburg

Nutzung

Café, Museum
www.cafe-im-
herrenhaus.de
www.alstertal-museum.de

Im Winter 1805/06 wurde das Gut von dänischen Truppen besetzt und mit dem Ende des Reichs 1806 an den dänischen König verkauft. Er gab es an private Besitzer weiter, so 1810 an Herzog Friedrich Karl von Schleswig-Holstein-Sonderburg-Beck. 1846 ersteigerte es der Hamburger Kaufmann Johann Christian Jauch. Er vergrößerte den Gutsbesitz durch Landerwerb und ließ einen Hirschpark errichten.

1888/89 erfolgte durch den neuen Gutsbesitzer Behrens ein Umbau des Hauses nach Plänen von Martin Haller. Es kamen ein neuer Stall, ein Wasserturm und ein kleines Elektrizitätswerk hinzu. Das Herrenhaus wurde aufgestockt und erhielt eine neobarocke Putzfassade. Durch eine Vergrößerung der Portale erhielt das Haus eine repräsentativere Erscheinung.

In den 1930er Jahren wurden die Wirtschaftsbauten größtenteils niedergelegt, nachdem das Land bereits 1914 zum großen Teil an die Alstertal-Aktien-Gesellschaft gekommen und für Siedlungszwecke aufgeteilt worden war. 1938 gelangte das Gutsgelände mit Herrenhaus und Torhaus an die Freie und Hansestadt Hamburg. Von 1953 bis 1957 wurden am Torhaus Restaurierungsarbeiten durchgeführt. So sind heute von den ehemals vorhandenen Bauten nur noch das Herrenhaus und das Torhaus erhalten.

Auch alle Hofbauten Hallers sind verschwunden. Das eingeschossige Torhaus mit Mansardwalmdach ist ein Fachwerkbau mit einem zusätzlichen Geschoss über der Durchfahrt und bekrönendem Dachreiter. Heute beherbergt das Torhaus unter anderem das Museum des Alstertalvereins. Zu sehen sind Exponate zur Ur- und Frühgeschichte des Alstertals, wozu auch die ehemaligen Burgen und Herrenhäuser der Region gehören.

Der zweigeschossige Bau des Herrenhauses mit Mansardwalmdach hat einen dreiachsigen Mittelrisalit, der über dem Mezzaningeschoss einen Dreiecksgiebel ausbildet. Rechts und links sind zwei symmetrische Anbauten von zwei Geschossen errichtet worden, die durch Glasverbindungen an den Kernbau angeschlossen sind. Das Erdgeschoss wird von einer Bänderrustika bestimmt, die Risalite sind von rustizierten Pilastern eingefasst. Im Inneren sind noch ein Gartensaal und das achteckige Vestibül erhalten. Es war ehemals mit Maskenballgemälden ausgestattet, die sich zwischen den Vouten und Lambris sowie über den Türen befanden. Die Stuckdecke mit Jagd-, Fischerei- und Musikmotiven ist noch heute zu sehen. ✳

Hamburg-Poppenbüttel – Henneburg

Die Henneburg gehört zu den jüngsten Burgen im Raum Hamburg. Albert Caesar Henneberg zog 1855 nach Poppenbüttel und ließ sich hier 1870 ein Gutshaus erbauen. Seit 1880 wurde im hügeligen Tal der Alster ein großer Landschaftspark angelegt. Henneberg richtete einen mehr als 400 Hektar großen Gutsbetrieb ein.

1884 entschloss sich Hennberg zur Errichtung einer kleinen Burg auf einem künstlichen Hügel über der Alster. Anfänglich war ein so genanntes Schweizerhaus geplant. Ein befreundeter Architekt namens Piper riet jedoch zu einem Bau nach dem Vorbild der Burg Henneburg bei Meiningen in Thüringen. Außer der Namensgleichheit mit der Familie der Erbauer gibt es keine familiären Bezüge zu den ehemaligen Grafen von Henneberg. Auch glich der Bau in Poppenbüttel in keiner Weise dem Stammsitz der Henneberger in Thüringen.

Die Poppenbütteler Burg wurde um 1887 fertig gestellt. Im Burginneren erfolgte die Einrichtung eines Familienmuseums. Nach dem Ersten Weltkrieg wurde die Burg renoviert und als Sommerfrische von den Hennebergs vermietet. 1942 gelangte das Gelände zusammen mit der Burg an die Stadt Hamburg. 1988 galt die Burg als einsturzgefährdet, so dass im darauf folgenden Jahr der Abriss beschlossen wurde. Das Denkmalamt verweigerte jedoch die Zustimmung.

1990 beschloss die Bezirksversammlung Wandsbek, den Verkauf an einen privaten Investor mit der Verpflichtung zur Restaurierung zu beschleunigen. Erst jetzt wurde die Burg als Denkmal eingetragen.

Die Henneburg ist heute das letzte erhaltene Gebäude des ehemaligen Guts. Sie setzt sich aus einem Vorwerk mit einer kleinen Bastion und einem ungefähr drei Meter höher gelegenen Hauptbau zusammen. Die Burg ist keine romantische Residenz oder Ruine im Landschaftsgarten, sondern ein vollständiges Gebäude, das im Maßstab eins zu vier errichtet worden ist. Der verputzte Ziegelbau, der ein Tuffsteinmauerwerk nachahmt, bedient sich der gotischen Formensprache.

Das Vorwerk ist mit seiner runden zinnenbekrönten Bastion über einen Aufgang an der Ostseite mit dem Hauptbau verbunden, den man durch ein spitzbogiges Tor mit Wehrtürmchen erreicht.

Der Hauptbau setzt sich aus einer Kemenate von sechs Quadratmetern und einem elf Meter hohen, zinnenbekränzten Bergfried zusammen. Dieser hat einen äußeren Durchmesser von nur 2,50 Metern und ist außen mit dem Familienwappen der Hennebergs geschmückt. Auf halber Höhe ist ein Balkon angebracht. Die Burg verfügt über eine gewölbte Vorhalle mit Mosaikfußboden. Von dort aus sind der Turmfuß und die Kemenate zu erreichen. Ein kleiner Flur führt zum Rittersaal, der nur 6,30 Meter mal 4,70 Meter groß ist und über ein Oberlicht verfügt. Eine Besichtigung der Anlage, zu der es in Hamburg und Umgebung kein vergleichbares Objekt gibt, ist leider nicht möglich. ❋

Adresse
Marienhof
22399 Hamburg

Nutzung
leer stehend

✳ Hamburg-Wandsbek – „Schloss" und Mausoleum

Vom ehemals bedeutenden Wandsbeker „Schloss", einem Herrenhaus, und seinem Park haben sich nur Reste erhalten. 1564 erwarb Heinrich von Rantzau das erstmals 1296 genannte Dorf Wandsbek und ließ 1568 eine Wasserburg errichten, die Wandesburg. Das Gut war lange im Besitz von Hamburger Familien. Es wurde 1480 zum Lehngut. Von 1525 bis 1557 war das Gut im Besitz der Hamburger Bürgermeisterfamilie Salzburger, dann nahm es Adam Tratziger zu Lehen, der es 1564 an Heinrich Rantzau verkaufte. Bei Rantzaus Wandesburg handelte es sich um eine moderne Dreiflügelanlage mit einem Treppenturm. 1597/98 weilte der berühmte Astronom Tycho Brahe in Wandsbek, der später an den Kaiserhof nach Prag ging. Vom Obergeschoss des Treppenturms aus führte er in einem dort eingerichteten Observatorium zusammen mit Rantzau astronomische Untersuchungen durch.

Nach 1614 gelangte Wandsbek an die Landesherrschaft und wurde verpachtet. Von 1645 bis 1679 war das Gut im Besitz der Familie Behrens, die dem Treppenturm 1648 einen neuen Helm gab. Später kam das Gut an die Kielmannsegg und zuletzt 1762 an Heinrich Carl von Schimmelmann. Er hatte bereits 1759 Ahrensburg erworben. Nachdem dort die wichtigsten Arbeiten getätigt worden waren, ließ er die Wandesburg in den Jahren von 1772 bis 1778 durch Carl Gottlob Horn im frühklassizistischen Stil umgestalten. Bis auf den Turm, der durch den Besuch Tycho Brahes historisch bedeutend war, wurde alles abgebrochen und auf den vorhandenen Fundamenten neu gebaut.

Schimmelmann richtete sich hier seinen Altersruhesitz ein und zog 1778 von Ahrensburg, das er einem seiner Söhne überließ, nach Wandsbek. Zum neuen „Schloss" gehörte ein Garten, der ab 1770 zunehmend als Landschaftsgarten gestaltet wurde. Nach Schimmelmanns Tod 1784 wurde für ihn und seine Gattin ein Mausoleum errichtet. Carl Gottlob Horn nutzte hierfür vereinfachte Pläne des italienischen Architekten Giovanni Antonio Antolini.

1807 wurden das Dorf und ein Teil des Guts an den dänischen König verkauft. Jetzt entwickelte sich aus dem Gut die spätere Stadt Wandsbek. Christian von Schimmelmann verpachtete den Garten ab 1822 sukzessive und verkaufte ihn zuletzt 1852. 1857 folgte das Gut, das an Johann Anton Carsten gelangte. 1861 erfolgte schließlich der Abriss des „Schlosses". Das Land wurde parzelliert und aufgesiedelt.

Wandsbek war aus verschiedenen Gründen von hoher Bedeutung. Das 1568 begonnene Herrenhaus Heinrich Rantzaus war der erste selbstständige Neubau des bedeutenden Humanisten. Es entstand eine Wasserburg. Die Anlage war zweigeteilt und setzte sich aus einem Wirtschaftsbereich und einem Herrenhausbereich zusammen. Das Herrenhaus war von einem Wassergraben umgeben und offensichtlich auf einem Steinsockel errichtet. Der Zugang erfolgte über eine Zugbrücke. Die Dreiflügelanlage des Herrenhauses öffnete sich nach Süden. Am Nordflügel stand der zentrale Treppenturm mit einem Fachwerkobergeschoss. Der Hauptflügel entsprach dem Typ eines zweifachen Parallelhauses.

Zur Außenseite wurde diese Tatsache durch einen Mittelrisalit kaschiert, da dieser die ganze Breite der Parallelhäuser auf der Hofseite einnahm. Daran schlossen sich die etwas niedrigeren, ebenfalls zweigeschossigen Seitenflügel an. Die offene Seite des Hofs wurde durch einen zinnen- und schartenbewehrten, eingeschossigen Verbindungsflügel geschlossen. So entstand ein rechteckiger Innenhof. Die Wirtschaftsgebäude waren in Fachwerkbauweise errichtet. Das Herrenhaus ist kein gänzlich moderner Bau wie in Reinbek, sondern einer traditionellen Bauauffassung verpflichtet, was durch die wehrhafte Anlage einer Wasserburg verdeutlicht wird. Auch Schmuckformen wie die Treppengiebel können im Gegensatz zu den Dreiecksgiebeln über den Fenstern als althergebrachte Dekorationsformen angesehen werden.

Aufgrund der dennoch modernen Gestaltung gelang es Carl Gottlob Horn in der zweiten Hälfte des 18. Jahrhunderts, durch seinen Umbau ein zeitgemäßes Herrenhaus zu schaffen, das den Charakter eines Schlosses erhielt. Die seitliche Eingangsseite der zweigeschossigen Dreiflügelanlage umfasste elf Achsen mit einem fünfachsigen Mittelrisalit mit einer Attika. Der Mittelrisalit war auf den alten Turm ausgerichtet. An der Fassade des Hauptflügels, der ebenfalls elf Achsen zählte, wurde als Abschluss ein über drei Achsen reichender Dreiecksgiebel gewählt. Das „Schloss" wurde über ein Vestibül im

Seitenflügel betreten. Die Ausstattung der Räume war gediegen und in frühklassizistischen Formen gehalten. Neben dem „Schloss" entstand ein Marstall, der Garten erstreckte sich an der Südseite.

Am Wandsbeker Marktplatz können die wenigen Reste des „Schlosses" betrachtet werden. Es handelt sich um zwei steinerne Vasen und zwei Löwenskulpturen. Die beiden Sandsteinvasen brachte Schimmelmann 1757 bei seiner Übersiedlung nach Hamburg aus Dresden mit, wo er vorher gelebt und sie vom Grafen Brühl erworben hatte. Die beiden Löwen flankierten ehemals die Zufahrt zum „Schloss". Im Bezirksamt Wandsbek (Schlossstraße 60, ebenfalls am Marktplatz) befindet sich vor dem Eingang zum Standesamt der Rest der Attika. Zwei Figuren begleiten das bekrönte Wappen Schimmelmanns.

Hinter der Kirche an der Ostseite des Marktplatzes liegt versteckt das Mausoleum. Der schlichte, verputzte, quadratische Bau mit Portalen und Gesimsen aus Sandstein wird von einer Kuppel bekrönt, die zylindrisch aus dem Kubus herauswächst. Das Innere überrascht mit einer reichen Ausstattung in Beige- und Ockertönen. Von dem quadratischen Innenraum gehen zwei Konchen für die Sarkophage Heinrich Carl Graf von Schimmelmanns und seiner Gemahlin Caroline Tugendreich ab. Sie sind aus ocker und rötlich geflammtem, schwarzen Marmor. Überwölbt wird der Raum von einer Pendentifkuppel, die von dorischen Säulen getragen wird. Die Wände sind schmucklos. Eine Lünette im Süden erleuchtet den Raum. ✳

Adresse

Schlossgarten 15
22041 Hamburg

Nutzung

verschwundenes
Herrenhaus
(ehemals eine
Wasserburg)

✱ Ahrensburg – „Schloss"

Im Gegensatz zu Wandsbek zeugt das „Schloss" in Ahrensburg, bei dem es sich wie in Wandsbek um ein Herrenhaus handelt, noch vom Wirken Heinrich Carl Graf von Schimmelmanns. Auch dieser Bau ist nicht für ihn selbst errichtet, aber von ihm umgestaltet worden.

Ahrensburg, das früher noch Woldenhorn hieß, war alter schaumburgischer Vogteisitz. Hier lag die Burg Arnesfelde. Seit 1327 war Woldenhorn im Besitz des Klosters Reinbek. 1567 musste der letzte Abt des Klosters Woldenhorn und vier weitere Dörfer im Zuge der Reformation auf Druck des dänischen Königs an Daniel von Rantzau abtreten. Bereits zwei Jahre später (1569) starb Daniel von Rantzau. Sein Bruder Peter von Rantzau beerbte ihn. Er gründete nahe dem Dorf Woldenhorn einen Gutshof mit Herrenhaus, nämlich Ahrensburg, und stiftete 1594 eine Kirche. Die alte Burg Ahrensfelde im Forst Hagen wurde nicht wieder belebt. Ihre Steine wurden teilweise zum Bau des neuen Herrenhauses verwendet.

1570/71 begannen die Baumaßnahmen und bis 1595 waren nicht nur das Hauptgebäude, sondern auch die neue Kirche und die so genannten Gottesbuden, in denen Arme wohnen konnten, vollendet. Die Türme am Herrenhaus waren ursprünglich nicht vorgesehen und wurden daher erst nach der Bauunterbrechung 1587 vollendet. Als Vorbild diente wahrscheinlich das Schloss Glücksburg, das von 1583 bis 1587 erbaut wurde. 1602 starb Peter von Rantzau. Bis in das 18. Jahrhundert verblieb das Gut bei der Familie Rantzau. Von da an wurde es immer unrentabler, was mitunter auch auf die zahlreichen Kriege zurückzuführen ist, die das Land heimsuchten. So wurde 1713 durch schwedische Truppen die Kirche zerstört, so dass eine neue Ausstattung erforderlich war. Detlef von Rantzau ließ die Kirche modernisieren, versah sie 1745 mit einem Walmdach und Dachreiter, vor allem aber mit einem Gruftanbau, in dem auch er nach seinem Tod 1746 seine letzte Ruhe fand. Sein Sohn Christian änderte die Gutsverwaltung nicht und musste 1759 aufgrund hoher Verschuldung verkaufen.

Neuer Besitzer wurde der preußische Geheimrat Heinrich Carl von Schimmelmann. Er ging in den dänischen Staatsdienst. Von 1759 bis 1764 ließ er anstelle des alten Dorfes eine kleine Planstadt anlegen, die ihren Ausgangspunkt an der Kirche nahm und den Bewohnern sozial abgestuft ihre Unterkünfte zuwies. 1778 wurde der Kirche der Glockenturm vorgebaut. Neben der Landwirtschaft förderte Schimmelmann auch das Gewerbe. Ferner ließ er die Poststrecke von Hamburg nach

Lübeck über seine Besitzungen in Woldenhorn und Wandsbek verlegen. Vor allem
aber wurde Schimmelmann am Herrenhaus aktiv. Die alten Gräben, die bis an
das Gebäude heranreichten, ließ er
zuschütten, der Teich wurde vertieft und
neue Lindenreihen gepflanzt. Das Innere
seines Herrenhauses ließ er von 1759 bis
1766 umgestalten. So wurde etwa die alte
Treppe durch eine neue, heute noch vorhandene ersetzt. Ahrensburg war der
Zweitwohnsitz Schimmelmanns. Im Winter
lebte er in Kopenhagen, im Sommer in
Ahrensburg. Wie damals üblich war das
Herrenhaus nicht vollständig eingerichtet,
sondern bei jedem Wohnungswechsel
wurden die Möbel mitgenommen. 1778
siedelte Schimmelmann auf seinen Alterssitz nach Wandsbek über und überließ
Ahrensburg seinem zweitältesten Sohn
Friedrich Joseph.

Von da an begann der Abstieg des Ortes,
da der junge Besitzer Einnahmen und
Ausgaben nicht in Übereinstimmung
bringen konnte. Woldenhorn wurde zu
einem der ärmsten Dörfer Schleswig-
Holsteins. Die Schuldenlast nahm zu.
Erst nachdem die verschiedenen Linien
der Schimmelmanns fast ausgestorben
und der Besitz wieder in einer Hand
vereint war, konnten ab 1831 die notwendigen Geldmittel eingesetzt werden,
um das Gut wieder rentabel zu machen.

Das Herrenhaus wurde verputzt, 1841 eine
neue Brücke errichtet und das Gebäude
ab 1844 wieder dauerhaft bewohnt.
Der neue Besitzer Ernst von Schimmelmann ließ auch Umbauten vornehmen.
Da er sich sehr für Pferde und die Pferdezucht interessierte, errichtete er 1845
einen neuen großen Marstall. Er steht
noch heute im Osten des „Schlosses".

Adresse
Lübecker Straße 1
22926 Ahrensburg

Nutzung
Museum,
Veranstaltungen
www.schloss-
ahrensburg.de

Die Arbeiten leitete der Architekt Moritz Scheerer. Ein Teil der alten Stuckdecken fiel den notwendigen Sanierungsarbeiten zum Opfer. 1867 ging der Gutsname auf den Ort über, der seither Ahrensburg heißt.

Auf Ernst von Schimmelmann folgte 1885 sein Sohn Carl von Schimmelmann. Nach dem Tod von Ernst von Schimmelmann 1922 begann unter seinem Sohn Carl der stückweise Verkauf des Erbes. 1927 wurden auf dem Schloss Möbel, Gemälde und Porzellane versteigert. 1932 verließ der letzte Schimmelmann das „Schloss". Anfänglich wohnte er noch in der „Schlossmühle", zog dann aber nach Plön. Noch im selben Jahr wurde im „Schloss" ein Museum eingerichtet. Der Gründer war Hans Schadendorff. Nach einer Unterbrechung durch den Krieg und einer Zwischennutzung konnte das Museum 1955 wieder seine Tore öffnen. Es wurde von dem 1938 gegründeten Schlossverein getragen. Von 1982 bis 1990 erfolgten umfangreiche Restaurierungsmaßnahmen am „Schloss". Dabei wurde der alte Graben am Gebäude wieder ausgehoben, denn der Bau war durch das Fehlen einer Drainage, die Schimmelmann beim Zuschütten des Grabens nicht anlegen ließ, zu feucht geworden. 2003 wurde das „Schloss" in eine Stiftung umgewandelt.

1847 wurde ein neues eingeschossiges Torhaus im anglo-romanischen Baustil errichtet, das nach dem Zweiten Weltkrieg abgetragen wurde. Im selben Jahr entstand hinter dem Marstall eine Reithalle, die 1896 bei einem Brand des Guts vernichtet wurde. Alle Wirtschaftsbauten wie Back- und Brauhaus, Reitstall, Baustall, Hühner- und Gänseställe vor dem Herrenhaus im Norden wurden abgetragen und sukzessive durch Neubauten auf dem Gutsgelände ersetzt. Das Herrenhaus wandelte sich formal zum „Schloss". Nun konnte durch den Gartenarchitekten Johann Heinrich Ohlendorff ein Landschaftsgarten angelegt werden. Ohlendorff war Inspektor des Botanischen Gartens in Hamburg. Auch im „Schloss" selbst wurden 1855 größere Umbauten vorgenommen, die vor allem das erste Obergeschoss betrafen.

Heute steht das „Schloss" Ahrensburg wieder hinter zwei Wassergräben, die künstlich aufgestaut sind. Das „Schloss" ist ein dreifaches Parallelhaus auf einem Granitquadersockel mit Schießscharten. Es hat drei Geschosse mit geschweiften Giebeln und achteckigen Ecktürmen, die über ein zusätzliches Halbgeschoss verfügen und mit Laternen und Wetterfahnen bekrönt sind. Im Gegensatz zum Glücksburger Vorbild streben sie schlank in die Höhe und verleihen dem Baukörper Leichtigkeit. Der weiß gestrichene Bau verfügt über zahlreiche Fenster. Die Schweifgiebel sind 1760 neu aufgesetzt worden.

Das Innere des „Schlosses" zeigt eine Ausstellung zur Wohnkultur des holsteinischen Adels und birgt vor allem Raumkunstwerke des Klassizismus und späterer Epochen. Aus der Rantzau-Zeit hat sich nichts erhalten. Der Grundriss des „Schlosses" ist in drei Teile gegliedert. In der Mitte befinden sich Säle, an den beiden Seiten Wohnräume. Der ehemals durchgehende Saal im Erdgeschoss wurde 1762 in ein Vestibül und einen Gartensaal geteilt. Das Vestibül hat abgerundete Raumecken. Links des Vestibüls befindet sich ein Esssaal mit einer Eichenvertäfelung von 1766, die aus Paris stammt. Sie ist vermutlich nach einem Entwurf des für Kopenhagen tätigen Architekten Nicolas-Henri Jardin angefertigt worden. Jardin war der Bahnbrecher des Klassizismus in Dänemark. Die Supraporten über dem Eingang stammen vom französischen Maler Etienne Jeaurat aus dem Jahr 1766.

Vom Vestibül aus gelangt man in den 1762 gestalteten prächtigen Gartensaal. Er besitzt ornamentlose Wandpaneele mit Tierstillleben von Tobias Stranover und Supraporten mit Motiven von Lorens Lönberg. 1856 wurde der Raum überformt. Rechts des Gartensaals befindet sich das so genannte Porzellanzimmer.

Ein Treppenhaus von 1761 mit geschnitztem Rokokogeländer von G. Bohne aus Dresden führt über Zwischenpodeste in das Obergeschoss. Hier wird der Emkendorf-Saal mit blauem Mobiliar von 1780 präsentiert. Im Gegensatz zum Erdgeschoss, das hauptsächlich auf Heinrich Carl von Schimmelmann zurückgeht, finden sich im Obergeschoss auch Räumlichkeiten, die auf dem Umbau unter Ernst von Schimmelmann beruhen. Der 1855 errichtete Festsaal zeigt maschinell angefertigten Stuck in spätklassizistischen Formen. Das sternförmige Parkett wurde aus vier verschiedenen Hölzern in Ottensen hergestellt. Das so genannte Pellicia-Zimmer zeigt eine handgemalte Tapete des italienischen Malers Guiseppe Anselmo Pellicia, die für Friedrich Reventlow und seine Frau, eine geborene Schimmelmann, Ende des 18. Jahrhunderts für ihr Haus in Kiel geschaffen worden ist. Darüber hinaus finden sich im gesamten „Schloss" Möbel der Stilrichtungen Chippendale, Sheraton und Heppelwhite sowie eine Louis-Seize-Garnitur.

So ist das „Schloss" nicht nur eines der Hauptwerke der Spätrenaissance in Schleswig-Holstein, sondern seine Ausstattung zeigt die Lebens- und Wohnkultur des Adels im 18. und vor allem 19. Jahrhundert.

Vor dem „Schloss" steht auf der anderen Seite der Straße der große Marstall von 1845/46. Es handelt sich um einen eingeschossigen Dreiflügelbau aus Backstein. Hinter dem Gebäude lag ehemals eine Reitbahn. In den Seitenflügeln waren ursprünglich Unterkünfte für die Gutsangestellten untergebracht. In Ahrensburg wurde unter Albert Bernhard Heinze eine erfolgreiche Pferdezucht aufgebaut. Heinze war 1848 vom Dresdener Hof nach Ahrensburg gewechselt, da der König von Sachsen seine Aktivitäten auf dem Gebiet der Pferdezucht einschränken musste. Bis 1951 wurden Teile des Gebäudes als Marstall genutzt.

Im Osten des „Schlosses" befindet sich die Kirche, ein Backsteinbau, der in seinen Ursprüngen von 1594/95 stammt. Das Walmdach und der Dachreiter kamen wie auch der Gruftanbau 1745 hinzu. Bemerkenswert ist das Rippengewölbe im Kircheninneren. Es zeigt vier mal 14 Kreuzgewölbefelder. Von der ersten Ausstattung der Kirche sind nur noch der Altartisch und die Seitenwangen der ersten Bänke erhalten. Der Altar von Carl Döbel wurde 1713 geschaffen. Er ist gemäß der auf die Predigt ausgerichteten lutherischen Liturgie ein Kanzelaltar und reich mit Figuren und gedrehten Säulen verziert. Im Altarraum stehen so genannte schwarze Pastorenstühle. Auch der rote Stand des Gutsherrn befindet sich noch heute im Altarbereich. Er ist außen mit dem Monogramm Detlef Graf von Rantzaus versehen.

Im Norden schließt sich an die Kirche die Gruft für Detlef von Rantzau an, die 1745 für ihn erbaut wurde. An der Tür ist unter anderem das rantzauische Wappen zu sehen sowie das reichsgräfliche Wappen mit der Jahreszahl 1728, dem Jahr der Erhebung zum Reichsgrafen. In der Kapelle befindet sich der Sarkophag aus Sandstein mit dem Bleisarg.

Beiderseits der Kirche stehen die so genannten Gottesbuden. Es handelt sich um Häuser für Arme, die auch heute noch genutzt werden. Es gibt zwei Zeilen mit je zwölf kleinen Wohnungen. Jede Wohnung hat einen eigenen Eingang, eine Küche und eine ungefähr 16 Quadratmeter große Stube. Ehemals teilten sich zwei Menschen eine Wohnung, die damals vornehmlich für alte Menschen in Not gedacht war. In einer der Buden befand sich die Dorfschule Woldenhorns. ✳

Borstel – Herrenhaus

Borstel ist der Mittelpunkt einer bedeutenden Herrschaft im ehemaligen Gau
Stormarn, die bereits vor dem Auftreten
der Schaumburger Grafen bestand. Die
Herren von Borstel sind vermutlich mit
den Rittern von Hummersbüttel identisch.
Ihr bedeutendstes Zentrum war die Burg
Stegen, die 1346 vom Landesherrn und
der Stadt Hamburg zerstört wurde. Die
Familie Hummersbüttel ging daraufhin
nach Borstel. Ende des Mittelalters verlor
sie an Macht und starb gegen Ende des
15. Jahrhunderts aus.

Magdalene von Hummersbüttel heiratete
1450 Detlev von Bockwolde. Die von
Bockwoldes nannten sich später von
Buchwaldt. Borstel blieb 300 Jahre in
ihrem Besitz. Das Gut war anfänglich
sehr groß und umfasste auch Jersbek
und Grabau, die später zu eigenen
Gütern wurden. So schied Jersbek 1588
im Rahmen einer Erbteilung aus.

1737 brannte das alte Gut mit Herrenhaus
und Wirtschaftsgebäude ab. Bereits drei
Jahre später wurden die Wirtschaftsgebäude wieder errichtet. Von diesen Gebäuden ist heute leider keines mehr
erhalten. Seit 1747/48 wurde das neue
Herrenhaus vermutlich nach Plänen von
Johann Christian Böhme für Friedrich
von Buchwaldt errichtet. Es konnte 1751
fertig gestellt werden.

Friedrich von Buchwaldt war der letzte
seiner Familie auf Borstel. Seine Tochter
heiratete den aus Mecklenburg stammenden Johann Hartwig Ernst Graf von
Bernstorff, der auch das Gut in Wotersen
besaß. Er übernahm nach dem Tod seines
Schwiegervaters 1761 das Gut Borstel.

Damit war die Traditionslinie durchtrennt
und Borstel wurde zum Spekulations-
objekt, das 1798 an den Niederländer
Matthias Ooster verkauft wurde. 1802
erhielt es der Hamburger Stadthauptmann
Martin Johann Jenisch, wodurch der
Meierhof Grabau ein eigenes Gut wurde.
1804 ging Borstel an den polnischen
Grafen von Dewuitz, 1806 an Cay Lorenz
Graf von Brockdorff, 1838 an den Grafen
Johann von Baudissin und 1920 an
Friedrich Bölck, ein Margarinefabrikant,
der kurzfristig auch Grabau besaß. Das
Gut in Borstel wurde aufgelöst. In das
Herrenhaus zog ein Kinderheim ein.

Adresse
Parkallee 1
23845 Borstel

Nutzung
Forschungszentrum
www.fz-borstel.de

1938 musste Borstel an den Staat verkauft werden, der hier eine Führerinnenschule des weiblichen Reichsarbeitsdienstes unterbrachte und das historische Inventar versteigerte. Nach dem Krieg wurde 1947 eine Tuberkulose-Forschungsanstalt in Borstel untergebracht, für die viele Neubauten entstanden. Seit 1963 besteht hier das international renommierte „Forschungsinstitut Borstel, Institut für Experimentelle Biologie und Medizin". 2004 wurde der Name in „Forschungszentrum Borstel – Leibniz-Zentrum für Medizin und Biowissenschaften" geändert. Heute befindet sich im Park ein modernes Krankenhaus. 1992 bis 2007 wurde das Herrenhaus saniert und anschließend als „Wissens- und Kommunikationszentrum" einer neuen Nutzung übergeben. Der „Verein zur Erhaltung und Pflege des Herrenhauses Borstel" setzt sich für die Sicherung des Herrenhauses ein.

Von allen Gutsbauten hat sich nur das große Herrenhaus erhalten. Da das Haus nicht axial zu den Wirtschaftsbauten lag und es auch kein Torhaus gab, das die Gutsanlage abschloss, vermittelte der Bau schon damals einen schlossartigen Eindruck. Darin unterschied sich das Herrenhaus in Borstel von den meisten Herrenhäusern seiner Zeit in Schleswig-Holstein. Der breite und ungewöhnlich tiefe, zweigeschossige Backsteinbau erhebt sich über einem Kellersockel. Er besitzt ein hohes Walmdach. Die fünfzehnachsige Eingangsseite wird durch zwei polygonale Eckpavillons akzentuiert. Gekuppelte Backstein-

pilaster toskanischer Ordnung mit Werksteinkapitellen und -sockeln zieren die Fassade.

Zusätzlich befinden sich die Fensterachsen in flachen Backsteinrahmen. Eine zweiläufige Treppe führt zum Eingangsportal, das vom Allianzwappen der Familien von Buchwaldt und von Holstein bekrönt ist. Annähernd der gesamte Mittelteil ist mit Werkstein gestaltet. Er fasst die vertikale Achse von der Eingangstür im Erdgeschoss, den Fenstern im Obergeschoss und Wappen im abschließenden Segmentgiebel gestalterisch zusammen. Die Gartenfront ist schlichter gestaltet. Jedoch tritt hier ein dreiachsiger Mittelrisalit polygonal hervor. Auch an der Gartenseite des Hauses gibt es eine Freitreppe, ebenso gekuppelte Backsteinpilaster am Risalit, der mit einem Segmentgiebel schließt.

Von den Innenräumen hat sich nur wenig erhalten. Bemerkenswert ist die Raumorganisation, die mit geheimen Fluren und einer Treppe in der Mittelwand dem französischen Landschlossbau folgt. Das ehemals fünf Achsen breite Vestibül wurde früh an beiden Seiten um je eine Achse verkürzt, um kleine Kabinette einzurichten. Im achteckigen Gartensaal haben sich an der Decke und am Kamin Stuckaturen erhalten. Die spätklassizistische Wandgliederung stammt von Bertel Thorvaldsen aus dem Jahre 1845. Im linken Eckpavillon ist noch Stuck aus der Erbauungszeit erhalten. Die reich geschmückte Decke mit Rocaillen zeigt geflügelte Kartuschen und einen Blumenrahmen. ❈

❄ Jersbek – Herrenhaus

Das Gut Jersbek war ehemals Bestandteil des Guts Borstel und entstand 1588 durch Erbteilung unter den Brüdern von Buchwaldt. Auch Jersbek selbst wurde in der Folge immer wieder geteilt und verkleinert. 1617 bis 1620 entstand für das neue Gut ein Herrenhaus als zweifaches Parallelhaus. 1678 wurde ein neues Torhaus erbaut. Beide Bauten stehen in ihren Grundzügen noch heute. Nach dem Tod von Jasper von Buchwaldt 1726 gelangte das Gut an seinen Schwiegersohn Bendix von Ahlefeldt.

Ahlefeldt war eine bedeutende Persönlichkeit. 1711 wurde er Landrat im Königlichen Anteil der Herzogtümer, 1722 Konferenzrat, 1731 Mitglied des Schleswig-Holsteinischen Landgerichts und 1734 Geheimer Rat. Ferner war er von 1723 bis 1726 mäzenatischer Direktor der Hamburger Oper. 1731 erhielt er eine Ehrung mit dem Danebrog-Orden. Neben Jersbek hatte er von seinem Vater weitere Güter geerbt.

In Jersbek ließ er das Herrenhaus umbauen. Ferner wurde von 1726 bis 1740 ein großer Gutspark angelegt. Er war unverkennbar von den Gartenanlagen in Hannover-Herrenhausen beeinflusst. Als Bezugspunkt für den neuen Garten ließ Ahlefeldt wohl 1738/39 ein neues Lusthaus erbauen. Es wurde 1820/21 wegen Baufälligkeit abgerissen.

1774 ging Jersbek an Paschen von Cossel, der 1755 in den Reichsritterstand erhoben worden war. Unter ihm wurde der Garten vereinfacht, in seinen Grundzügen blieb er jedoch erhalten. Er ließ 1791 kurz nach dem Tod seiner Frau im Wald nordöstlich des Gartens ein Freigrab anlegen.

1819 gelangte Jersbek an die Familie Thierry, die in Blankenese wohnte und mit der mächtigen Familie Godeffroy verwandt war.

Adresse

Allee 1
22941 Jersbek

Nutzung

Privatbesitz

1840 erwarb Graf Theodor von Reventlow
das Gut und ließ die Parterre- und
Boskettzone des Gartens landschaftlich
umgestalten sowie Solitäre in den abge-
räumten Flächen anpflanzen, von denen
einige noch heute stehen. Reventlow ließ
das Torgebäude um zwei Flügel erweitern.
1849 erhielt das Herrenhaus einen Turm
an der Eingangsseite. 1871 kam durch
den Kieler Architekten Hermann Georg
Krüger ein neuer Flügel im rechten Winkel
zur Rückfront des Herrenhauses hinzu.
1879 vernichtete ein Feuer fast alle Gebäude des Wirtschaftshofs. 1960 kam
Jersbek in den Besitz der Familie von
Bethmann Hollweg. Von 1977 bis 1979
wurde das Torhaus saniert. 1984 übernahm der Landkreis Stormarn die Träger-
schaft für die Sanierung der Allee im Park,
der 1986 unter Denkmalschutz gestellt
wurde.

Das zweigeschossige Torhaus hat keinen
Mittelbau und ist mit einem Satteldach
gedeckt. Der kleine Glockenturm mit Uhr
wurde später angebracht. Das Tonnen-
gewölbe der Durchfahrt ist lediglich ein
verputztes Scheingewölbe. Das Herrenhaus liegt auf einer Insel. Teilweise sind
noch die alten Gräben erhalten. Vorplatz
und Torhaus sind abseits gelegen, ebenso die Wirtschaftsbereiche. Das zweigeschossige Gebäude ist ein lang gezogenes,
doppeltes Parallelhaus. Eines der Häuser
präsentiert sich mit seiner Längsseite von
elf Achsen zum Eingang. An der linken
Seite befindet sich der Turm aus dem
19. Jahrhundert, der mit dem Hauptbau
verbunden ist.

Der öffentlich zugängliche Garten ist in Privatbesitz. Die ungefähr acht Hektar große
Anlage zeigt noch heute bedeutende
Reste der Gartenanlage aus dem zweiten
Viertel des 18. Jahrhunderts. Damals entwickelte sich entlang einer Mittelachse
die charakteristische Anordnung von
Parterre, Boskett und Waldstück. Bezugs-
und Ausgangspunkt war das Gartenhaus,
das sich direkt hinter dem Eingangstor befand. Daran schloss sich eine 500 Meter
lange vierreihige Lindenallee an. Der
daran angrenzende Wald diente als Tier-
garten und Jagdgebiet. Auch gab es
Heckenquartiere, in denen Obst und Ge-
müse angebaut wurde. Diese ursprüngliche Aufteilung des Gartens ist noch
heute zu erleben.

Das 1791 im Wald nordöstlich des Gartens
angelegte Grab mit zwei Grabsteinen
befindet sich innerhalb einer Ringmauer.
In der Mitte steht ein Widmungsstein mit
den freimaurerischen Symbolen Sonne,
Mond und flammender Stern. Dazu „A"
und „Z" für „Anfang" und „Ende" sowie
die Inschrift:
„Dem Unbekannten – Bekanntesten
Unsichtbaren – Sichtbarsten
Dem Worte
Ewige Anbetung." *

Grabau – Herrenhaus

Grabau ist aus einem Meierhof des Guts Borstel hervorgegangen. 1802 wurde Grabau von Borstel gelöst und 1806 zum Gut erhoben. Dieses ging 1807 vom Hamburger Stadthauptmann Martin Johann Jenisch an den Kaufmann J. J. van Herzele über. Offenbar als Spekulationsobjekt genutzt, wechselten die Besitzer von Grabau recht häufig. Vermutlich entstand 1865 eine Parkanlage. Von 1906 bis 1908 wurde von Heinrich Werle für den Bremer Großkaufmann Gustav Lahusen ein Herrenhaus gebaut. Seinen Park ließ sich Lahusen nach Plänen von Wilhelm Cordes und Christian Roselius anlegen. Grabau wurde zu einem Mustergut modernisiert.

Nach dem Ersten Weltkrieg musste Lahusen Grabau 1919 aufgrund finanzieller Schwierigkeiten veräußern, konnte es aber bereits drei Jahre später zurückkaufen. In den folgenden Jahren wurde der Garten von Harry Maasz überplant. 1923 ließ Lahusen von Heinrich Werle ein neogotisches Mausoleum für seine früh verstorbene Tochter errichten. 1932 musste er sein Gut endgültig veräußern. 1936 wurde es vom neuen Besitzer Friedrich Bölck, dem auch Borstel gehörte, an die Wehr-

macht verkauft, die hier ein Oberkommando des Heeres einrichtete. Nach 1947 wurde das Gut aufgesiedelt. Das Herrenhaus diente von 1951 bis 1966 als Landjugendheim und gelangte dann wieder in Privatbesitz. 1968 wurde es renoviert und 1974 unter Denkmalschutz gestellt. Gegenwärtig steht das Gebäude leer.

Abseits des Guts und westlich des alten Meierhofs steht das Herrenhaus in einem Landschaftspark. Es ist eine zweigeschossige Villa aus Muschelkalk. Sie wurde im englischen Landhausstil mit Jugendstilelementen errichtet. Die sparsam verwendeten Zinnen, Erker und ein Turm geben dem Neorenaissancebau ein leicht burgartiges Aussehen. Vor- und Rücksprünge in der Fassade, ein Wechsel zwischen giebel- und traufständigen Flügeln sowie verschieden große Fenster und unterschiedliche Dächer führen zu einer heterogenen Erscheinung. Die Anlage kann nicht besichtigt werden.

Auch die Gruft wurde aus Muschelkalkstein erbaut. Der neogotische Bau mit Fialen und Strebepfeilern sowie Maßwerkfenstern dient seit 1948 als Ortskapelle für das Dorf. ✳

Adresse
Rosenstraße 12
23845 Grabau

Nutzung
leer stehend

An der Niederelbe und im Hamburger Nordwesten

Bis 1937 endete das Stadtgebiet Hamburgs hinter der Reeperbahn. Die Große Freiheit und die Kleine Freiheit waren bereits außerhalb der Stadt gelegen – bis 1864 herrschte hier sogar der dänische König. Ehemals hatte das Gebiet zur Grafschaft Holstein-Pinneberg gehört. Nachdem Graf Adolf I. von Schaumburg 1110 in Holstein eingesetzt worden war und sich sein Geschlecht in der Schlacht von Bornhöved 1227 endgültig durchgesetzt hatte, kam es in den kommenden Jahrzehnten zu mehreren Teilungen innerhalb des Schaumburgischen Gesamthauses. Die Grafschaft Holstein-Pinneberg entstand durch diese Teilungen Holsteins 1273, 1290 und 1304. Nach dem Aussterben der Ritter von Barmstede kam die Herrschaft Barmstedt 1322 mit der Burg Uetersen zu Pinneberg. Die Grafschaft Pinneberg zeichnete sich dadurch aus, dass es hier keine Ritter und Burgen gab, die nicht dem Landesherrn gehörten. Sie blieb anschließend bis 1640 mit dem Stammland Schaumburg an der Weser verbunden und umfasste ungefähr den heutigen Kreis Pinneberg sowie den Bezirk Altona und Bereiche des Bezirks Eimsbüttel. Als die Hauptlinie der Schaumburger in Holstein 1459 ausstarb und das dänische Königshaus ab 1460 auch in Holstein herrschte, lockerte sich die Verbindung zum übrigen Holstein.

Nicht zur Grafschaft Pinneberg gehörten die Elbmarschen von Wedel bis an die Krückau. Sie waren ursprünglich Bestandteil der Grafschaft Stade gewesen, die sich beiderseits der Elbe erstreckt hatte. 1062 gelangten sie an das Erzbistum Bremen. Nach einer verheerenden Sturmflut 1357 kamen die Elbmarschen 1376 an die Grafschaft Holstein und mit Holstein 1460 an den dänischen König als neuen Herzog von Holstein.

1640 gelangte dann auch die Grafschaft Holstein-Pinneberg nach dem Aussterben der Grafen von Schaumburg an den dänischen König und den Herzog von Holstein-Gottorp. Der König ließ Pinneberg als selbstständige Grafschaft bestehen. Hauptsitz blieb Pinneberg, von wo aus Drosten die Grafschaft verwalteten. Der Herzog hingegen veräußerte seinen im Norden gelegenen Anteil mit Barmstedt 1649 an die Familie von Rantzau, die hier eine reichsunmittelbare Grafschaft gründete. Sie wurde 1726 von Dänemark eingezogen, das hier einen Administrator einsetzte. Erst 1806 kamen die Herrschaft Pinneberg, die Herrschaft Rantzau und die Stadt Altona zum Herzogtum Holstein.

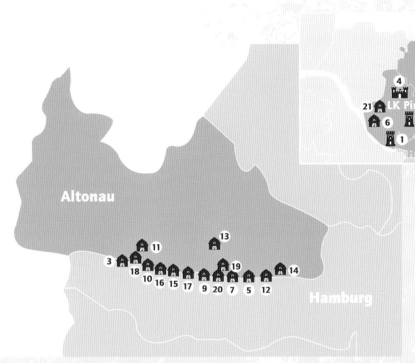

Burgen
1 Hatzburg
2 Pinneberg
3 Süllberg

Schlösser
4 Rantzau

Herren-/Landhäuser
5 Halbmond
6 Haseldorf
7 Jenischhaus
8 Kaden
9 Landhaus (LH.) Baur, „Elbschlösschen"
10 LH. Baur, „Katharinenhof"
11 LH. Blacker, „Goßlerhaus"
12 LH. Brandt, „Säulenhaus"
13 LH. Emden
14 LH. Gebauer
15 LH. J. C. Godeffroy, „Hirschparkhaus"
16 LH. P. Godeffroy, „Weißes Haus"
17 LH. R. Godeffroy, „die Bost"
18 LH. Klünder, „Hesse-Haus"
19 LH. Caspar Voght
20 LH. Vorwerk
21 Seestermühe

Altona selbst entstand um 1534, als der damalige Graf Adolf XII. einem Fischer und Krugwirt von der Insel Grevehof erlaubte, sich dicht an der Hamburger Grenze niederzulassen. Die kleine Ansiedlung wuchs schnell und wurde seit der Wende zum 16. Jahrhundert konsequent von den Schaumburger Grafen gegen die Handelsstadt Hamburg begünstigt. Gewerbe- und Religionsfreiheiten förderten die Wirtschaft und den Reichtum. Erst unter dem dänischen König Friedrich wurde Altona 1664 zur Stadt erhoben.

Die konsequente Unterstützung Altonas hielt an und so wurde sie 1803 zur zweitgrößten Stadt im dänischen Gesamtstaat, der sich vom Nordkap bis an die Elbe erstreckte. Erst 1864 wurde Holstein von Dänemark getrennt und gelangte 1866 an Preußen.

Im Hamburger Nordwesten und in der Gegend um die Elbchaussee lässt sich folgende grobe Einteilung treffen: Entlang der Elbchaussee finden sich Landhäuser, im übrigen Gebiet Burgen und Herrenhäuser. Ursache dafür war die Lage der Elbchaussee, da sie sich innerhalb des Zwei-Meilen-Umkreises befand, in dem nach dem Barbarossafreibrief nur die Stadt Hamburg Burgen erbauen durfte.

Es war nicht die einheimische Bevölkerung, die hier innovativ wurde. Als erste suchten niederländische Glaubensflüchtlinge bereits im 17. Jahrhundert das Elbufer auf und die Altonaer Kaufleute legten hier Gärten und Sommersitze an. Erst im späten 18. Jahrhundert etablierte sich die Gegend an der späteren Elbchaussee zur bevorzugten Lage. Die damals errichteten Bauten sind noch heute prägend.

Eine einmalige Konstellation führte in jener Zeit zum Entstehen einer besonderen Landhauskultur, deren bauliche Überreste in Villen und Parks noch heute zu bewundern sind. Mennoniten, Hugenotten und Calvinisten waren auch um 1800 eine wichtige Antriebskraft, hinzu kamen Revolutionsflüchtlinge aus Frankreich. Aufgrund der Handelsbeziehungen Hamburgs und Altonas war die Region offen für Neues. Es kamen englische Kaufleute, die die Landhauskultur und weitere Modeströmungen mitbrachten wie etwa den englisch ausgerichteten Klassizismus oder den Landschaftsgarten. Das leicht hügelige Elbufer von Altona bis Rissen, das bei Blankensee über 90 Meter hoch ansteigt, war für den modernen Landschaftsgarten wie geschaffen. Der Gottorfer Vergleich von 1768 brachte die endgültige Anerkennung der Unabhängigkeit Hamburgs durch Dänemark. Die 1771 begonnene so genannte Verkoppelung ermöglichte die Nutzung der Ländereien ohne Anbaurotation der Dorfgemeinschaft. Die alten Feldgemeinschaften wurden bis zum Ende des

18. Jahrhunderts aufgehoben und so konnte Ackerland gekauft und aus der Agrarnutzung genommen werden.

Als die Hamburger den Elbhang westlich Altonas für die Landschaftsgärten entdeckten, konnten sie das Land für private Zwecke nutzen. Wirtschaftlich lief es für zahlreiche Hamburger Kaufleute so gut, dass sie es sich leisten konnten, Eigentum zu erwerben. Seit dem Ende des 18. Jahrhunderts entstanden in einer losen Kette inmitten Garten- und Parkanlagen die Landsitze, die heute noch den Ruhm der Elbchaussee und der Elbvororte ausmachen. Mit Ausnahme des Hauses von Caspar Voght waren dies keine Zentren von Gutsanlagen, sondern Orte sommerlichen Aufenthalts in ländlicher Umgebung. Die Häuser zeichnen sich durch hohen Geschmack, Zurückhaltung und schlichte Vornehmheit aus. Was heute noch erhalten ist, ist jedoch nur ein geringer Rest der einst privaten Besitzungen. Kaufleute, Reeder und Bankiers gestalteten das Land zwischen Altona und Blankenese zu einem Park um. Anfänglich wuchsen kaum Bäume hier und die Gegend musste erst mühsam aufgeforstet werden. Im 19. Jahrhundert kamen Könige, Herzöge, Fürsten, Grafen, Feldherren und Diplomaten auf Besuch an die Elbchaussee. 1849 wurde hier der spätere Reichskanzler Bernhard Fürst von Bülow geboren und Wilhelm I. besuchte hier die Familie Donner. Heute befindet sich in der Schrödervilla an der Elbchaussee 380 der Internationale Seegerichtshof. Es ist die erste UN-Einrichtung in Deutschland, wodurch die

Elbchaussee auch heute noch im internationalen Blickfeld steht. Die wenigen noch vorhandenen Landschaftsgärten sind heute jedoch zumeist nur unzureichend gepflegt.

Ab der Zeit um 1800 entstanden im Westen von Hamburg große Landsitze durch die Architekten Christian Frederik Hansen, Johann August Arens, Axel Bundsen und Alexis de Chateauneuf. Bauherren wie Voght, Jenisch oder Baur planten an ihren Landhäusern maßgeblich mit.

Kennzeichen der Bauten sind zumeist ein komprimierter Grundriss ohne ausladende Raumfluchten. Die innere Struktur der Bauten folgte höfischen Normen – das Bürgertum glich sich dem Adel an, wurde oft selbst geadelt. Die Landhäuser waren ohne den zugehörigen Landschaftspark nicht zu denken. Ihre Lage auf dem Geestrücken und der Blick auf die Elbe waren genuiner Bestandteil.

Die Bauten dienten ab der Mitte des 19. Jahrhunderts immer seltener nur dem vorübergehenden Aufenthalt. Da sie aber nur für diesen Zweck errichtet wurden, brachte ihre Umnutzung zu dauerhaften Wohnungen im 19. Jahrhundert große Probleme mit sich, was vor allem die Beheizbarkeit, aber auch die Anzahl und Nutzbarkeit der Räume betraf. Umbauten waren unabdingbar, oft erfolgten Abbrüche und anschließende Neubauten.

Im 19. Jahrhundert entstanden im Westen Hamburgs zahlreiche Bauten im Stil der Neogotik, von denen nur wenige erhalten sind. Zu diesen teilweise burgartig mit Türmchen und Fialen dekorierten Bauten gehörten beispielsweise das von Johann Heinrich Strack für Bernhard Donner in Ottensen 1856/57 errichtete Landhaus Donner oder der Landsitz „Beausite", der 1855 für Senator Gustav Godeffroy neben dem Hirschpark errichtet wurde. Auch das Landhaus Schiller an der Elbchaussee 185b, das 1842 für den Hamburger Kaufmann Konsul Gustav Schiller durch Georges Giles erbaut wurde, ist dieser Bauart zuzuordnen.

Die Elbchaussee war damals eine Privatstraße mit Schlagbaum. Häufig standen auf der einen Seite der Straße die Landhäuser und auf der anderen die zugehörigen Wirtschaftsbereiche, Stallgebäude und Remisen. Um 1829 wurde ein Wegebauverein gegründet, ab 1840 an Werktagen ein Wegegeld verlangt. Erst 1891 fielen die Schlagbäume. Seit 1904 war die Straße zwischen Holztwiete und Silberlingstraße an Sonn- und Feiertagen gesperrt. Im Verlauf der Zeit änderten sich die Zeiten und Arten der Verkehrsbeschränkung. So legte man 1912 eine Höchstgeschwindigkeit von 25 Stundenkilometern fest. Erst nach dem Zweiten Weltkrieg wurden die letzten Einschränkungen aufgehoben. ✳

❋ Hamburg-Othmarschen – Landhaus Gebauer

1806 wurde für den Commerzintendanten Anton Friedrich Gebauer durch Christian Frederik Hansen der heute am Philosophenweg 18 befindliche, als Rundbau konzipierte Landsitz errichtet. Er gehört zu den wenigen Landhäusern, die nicht an der Elbchaussee stehen und auch keinen Elbblick bieten. Gebauer erwarb in der Nähe der damals noch erhaltenen Rolandsmühle 1806 und 1808 zwei Grundstücke, die 1833 an seinen Neffen veräußert wurden. 1871 stockte man das Obergeschoss auf und versah das Gebäude statt des vorher kegelförmigen Reetdaches mit einem Flachdach. Seither ist der ehemals sehr originelle Bau nur noch eine Karikatur seiner selbst. Auch das Portal wurde verändert und durch einen verandaähnlichen Vorbau verdeckt. 1994 erfolgte eine Sanierung nach alten Plänen.

Ehemals handelte es sich um einen zweigeschossigen Rundbau aus verputztem Holzfachwerk von zwölf Metern Durchmesser. Das Gebäude präsentierte sich mit einem Sockel- und einem Vollgeschoss. Das Erdgeschoss war doppelt so hoch wie das Obergeschoss. In die gänzlich ungegliederte Wand wurden Fenster eingeschnitten, die im Wechsel rund und rechteckig waren. Das Gebäude hatte einen kräftigen Ockerton mit Absetzungen in grün und rosa. Das Holzwerk der Fenster und Türen erhielt grünliche und in Ockertönen gehaltene Anstriche. Das ganze Gebäude folgte dem Prinzip ländlicher Einfachheit.

Im Inneren blieb einges erhalten. Die Räume bilden ein Achsenkreuz, so dass im Obergeschoss eine zentrale achteckige Halle entsteht, die durch das Oberlicht beleuchtet wird. Im Erdgeschoss gelangt man durch ein annähernd quadratisches Vestibül in den Hauptsaal. An seiner Seite ist eine ovale Treppe gelegen, die die Verbindung zum Obergeschoss herstellt. ❋

Adresse
Philosophenweg 18
22763 Hamburg

Nutzung
Privatbesitz

Hamburg-Othmarschen – Landhaus Brandt, „Säulenhaus"

Das Landhaus Brandt an der Elbchaussee 186 wurde 1817 für den Hamburger Russlandkaufmann und Reeder Wilhelm Brandt erbaut. Architekt war vermutlich Axel Bundsen. Brandt wurde 1826 Generalkonsul der Stadt Hamburg für das Zarenreich. 1832 verstarb Wilhelm Brandt. 1871 kaufte Johann Benjamin Burchard den Besitz. Das Innere des Hauses wurde 1936 durch den Umbau zu Einzelwohnungen verändert und das Landhaus ein Mietshaus. Der Rückbau in den ursprünglichen Zustand vor 1936 erfolgte seit den 1970er Jahren. 1976 wurde dort Wim Wenders Film „Der amerikanische Freund" gedreht. Die Architekten Kreitz + Kopf stellten die Villa anschließend wieder her. Zwischendecken und -wände wurden herausgenommen und der verlorene Deckenstuck rekonstruiert. Die Degagements im Erdgeschoss mit den fensterlosen Treppenhäusern für das Personal wurden entfernt und die Eingangshalle modernen Bedürfnissen angepasst. 1978 war der Umbau beendet.

Das zweigeschossige Gebäude ist über quadratischem Grundriss errichtet, verputzt, weiß gestrichen und besitzt ein flaches Dach. An der Süd- bzw. Elbseite befindet sich eine große, offene Halle mit doppelter, vorgelagerter Säulenstellung, die im Obergeschoss als Altan mit Balustrade mit einer kleineren Säulenhalle versehen ist und dem Haus seinen Namen gegeben hat. Nach außen sind es zehn, nach innen sechs Säulen dorischer Ordnung. Im Obergeschoss stehen die Säulen, die der ionischen Ordnung angehören, einfach. Das Innere des Hauses bestimmt eine Kuppel, die bis in das Dach ragt und durch ein Oberlicht erhellt wird. Bis 1937 verfügte es über rote Glasfenster.

In der Nähe des „Säulenhauses" steht an der Elbchaussee 153 das Landhaus Weber. Es wurde in den Jahren 1836/37 nach Plänen von Franz Gustav Forsmann für David Friedrich Weber errichtet, der 1835 für den Neubau ein älteres Landhaus abtragen ließ. Der Bau ist zur Straße hin schlicht und grob proportioniert, öffnet sich aber mit eleganten Loggien zur Elbe hin. Nicht mehr der Klassizismus, wie er vor allem unter Christian Frederik Hansen bestimmend war, sondern das Biedermeier offenbart sich an dem breit gelagerten Bau. Leider wurde das Innere bei einem Umbau 1939 völlig verändert, konnte aber 2005/06 restauriert werden. Die ursprüngliche räumliche Einteilung des Erdgeschosses wurde dabei weitgehend rekonstruiert. ✳

Adresse

Elbchaussee 186
22605 Hamburg

Nutzung

Privatbesitz

✳ Hamburg-Othmarschen – Halbmond

Der so genannte Halbmond, Elbchaussee 228, ist das ehemalige Wirtschaftsgebäude eines heute nicht mehr erhaltenen Landhauses des englischen Großkaufmanns John Thornton, das von Christian Frederik Hansen 1795/96 erbaut worden war. Bereits 1819 hatte Thornton seinen Besitz verkauft, der 1824 an Johann Heinrich Schröder gelangte. Das Gebäude war nur für den Aufenthalt in den Sommermonaten bestimmt. 1913 wurde es abgerissen und ein Jahr später durch einen Neubau ersetzt.

Nachdem das Stall- und Remisengebäude 1820 ausgebrannt war, wurde es völlig neu errichtet. Architekt war Hansens Neffe Johann Matthias Hansen. Er hielt sich nur oberflächlich an den ursprünglichen Entwurf. Heute zeigt sich der Bau mit einem erhöhten Risalit im Mittelteil und Eckquaderungen unter einem Reetdach mit halbkreisförmig vorgezogenen Seitenflügeln. ✳

Adresse
Elbchaussee 228
22605 Hamburg

Nutzung
Privatbesitz

Hamburg-Nienstedten – Landhaus Caspar Voght

Der berühmteste englische Landschaftsgarten im Raum Hamburg war seinerzeit die Anlage des Caspar Voght im damaligen Klein Flottbek. An der Einmündung in die Baron-Voght-Straße befindet sich das Herz des Voghtschen Musterguts mit den verbliebenen Wirtschaftsgebäuden: das frühklassizistische Gutshaus mit Teich und Brücke.

Seit 1785 hatte Caspar Voght in Klein Flottbek vier Höfe und mehrere Grundstücke erworben, um sich auf dem Gelände einen Landsitz mit einer so genannten „ornamented farm" nach dem englischen Vorbild „The Leasowes" bei Shrewsbury in Shropshire anzulegen. Der englische Dichter William Shenstone hatte die „ornamented farm" als neues Ideal gepriesen, in dem die landwirtschaftliche Nutzung mit einer ästhetischen Parkgestaltung verbunden war. Große Ausblicke und Sichtbezüge sowie eine Gestaltung der Felder-, Wiesen- und Weidewirtschaft als Park waren das Ziel.

Im Laufe der Jahrzehnte entwickelte sich das Gut in Klein Flottbek zu einem Mustergut. Voght arbeitete zusammen mit James Booth und Lucas Andreas Staudinger. Booth begründete 1795 eine Baumschule, die schon einige Jahre später zum bedeutendsten Betrieb in Norddeutschland wurde. Vor allem die Züchtungen von Rosen und Rhododendren waren berühmt. Die Baumschulenlandschaft im Landkreis Pinneberg nahm hier ihren Ausgang. Staudinger gründete 1797 in Groß Flottbek ein „Landwirtschaftliches Erziehungsinstitut". Von Voghts Mustergut gingen wichtige Innovationen und Anregungen für Landwirte aus. So wurden hier etwa der Kartoffelanbau in Norddeutschland und 1812 die moderne Gründüngung eingeführt.

Das Gutshaus entstand von 1794 bis 1797 nach den Entwürfen des Architekten Johann August Arens. Das ursprünglich nur für den Sommeraufenthalt vorgesehene Haus sollte nach den Wünschen des Bauherrn „entschieden kleyn" gehalten werden. Da jedoch während der Ausführung des Baus die Errichtung von Gesellschaftsräumen erwünscht war, mussten 1798 Anbauten hinzugefügt werden. Voght musste sein Gut 1828 verkaufen. Sein Wohnhaus blieb ihm jedoch erhalten. Kennzeichen des zweigeschossigen Baus mit Walmdach ist seine zurückhaltende Gestaltung. Es gibt keine Schauseite, der Haupteingang ist eine schlichte Tür. Großzügigkeit geben die an drei Seiten umlaufenden Loggien, die in beiden Geschossen von Holzsäulen getragen werden und dem Haus eine mediterrane Anmutung verleihen. Dabei nehmen die Loggien an der sechsachsigen Längsseite nur die drei südlichen Achsen ein. Der nördliche Bereich wird durch die rechteckigen Fenster bestimmt. An den Nordteil schließt sich der nachträglich angefügte Erweiterungsbau an, auf den wiederum der Wirtschaftsflügel folgt. Die Innenausstattung war komfortabel, aber ohne großen Repräsentationsgestus. Im Erweiterungsbau befand sich ein großer Saal, auf den Voght nicht verzichten wollte. Ferner gab es ein Instrumentenzimmer, eine Mineraliensammlung, eine Bibliothek so-

Adresse

Baron-Voght-Straße 63
22609 Hamburg

Nutzung

Privatbesitz

wie ein Laboratorium. Man erreicht das Gebäude über eine Brücke. Das Gutshaus stand nicht für sich allein, sondern gehörte in den Zusammenhang der noch heute angrenzenden bäuerlichen Bebauung. Die Nebengebäude ordneten sich in Material, Größe und Gestalt unter. Das wohl älteste der Nebengebäude steht in der Baron-Voght-Straße 57. Das zweigeschossige Gartenhaus wurde zu Beginn des 18. Jahrhunderts in Backstein mit Walmdach errichtet und diente Voght vor Fertigstellung seines Hauses als Bibliothek. Gegenüber steht eine Reihe von so genannten Instenhäusern (Baron-Voght-Straße 52-57). Sie wurden von Voght zwischen 1786 und 1798 für die Tagelöhner erbaut, die auf seinem Gut arbeiteten. Die schlichte schmucklose Zeile aus Backsteinfachwerk mit Reetdach und Klöntüren wurde 1992 durch einen Brand zerstört und 1993/94 wieder aufgebaut. Ehemals nahm jede Wohnung ein Zimmer mit Wandbett und Küche auf. Seit dem Wiederaufbau verfügen die Einheiten rückwärtig über eine Erweiterung und Dachausbauten. Baron Voght kümmerte sich vorbildlich um seine Landarbeiterfamilien. Er sorgte sich um Auskommen, Gesundheit, Bildung und Unterkunft. 1802 verlieh ihm Kaiser Franz II. für seine angewandten Vorschläge der Armenfürsorge in Wien, Hamburg und Berlin den Titel eines Reichsfreiherrn.

Voght hatte sein Haus inmitten seines Musterguts errichtet, das um 1800 ca. 225 Hektar umfasste. Die leicht gewellte Landschaft war in vier große Bereiche eingeteilt: den Norderpark, den Süderpark, den Westerpark und den Osterpark. Von diesem Mustergut ist kaum etwas geblieben. Der Westerpark schloss sich direkt an das Gutshaus an und ist heute teilweise bebaut. Früher sah man von Voghts Gutshaus über einen parkartig angelegten Blumengarten und Felder bis nach Blankenese. Heute führt der öffentliche Wanderweg vom Bahnhof Klein Flottbek bis nach Teufelsbrück durch den ehemaligen Garten hindurch mit einer Abzweigung zum Jenischpark. Da Obstbaumwiesen, Knickeichen am Weg und Weideflächen teilweise erhalten blieben, erhält man hier noch einen Eindruck der „ornamented farm".

Auf dem Gelände des Norderparks stehen seit 1906 das Landhaus Emden, seit 1907 der Polo-Platz und seit 1979 der Neue Botanische Garten. Der Osterpark wird größtenteils vom Tennis-, Hockey- und Golfclub Groß Flottbek eingenommen. Aus dem Süderpark hat sich der Jenischpark entwickelt. Er wurde nach 1828 grundlegend umgestaltet. Die alte Großzügigkeit des Gartens mit seinen vielfältigen Sichtbezügen ist zum Teil stark verändert worden. Dafür ist ein Landschaftspark entstanden, der sich in Teilen naturnah entwickelt hat, so dass das untere Flottbektal 1982 wegen seiner besonderen naturräumlichen Qualitäten unter Naturschutz gestellt wurde. ✳

✳ Hamburg-Othmarschen – Jenischhaus

1828 erwarb der Hamburger Kaufmann und Senator für Bauwesen sowie Bankier Johann Martin Jenisch d. J. das Voghtsche Mustergut von seinem Patenonkel Caspar Voght. Nach Rücksprache mit Voght ließ er sich an der höchsten Stelle des Voghtschen Süderparks – des heutigen Jenischparks – von 1831 bis 1834 nach Plänen von Franz Gustav Forsmann (nach Veränderungsvorschlägen von Karl Friedrich Schinkel) ein großes und repräsentatives Landhaus erbauen. Die Ausstattung für sein neues Gebäude hatte er von einer Italienreise 1830 mitgebracht. Den landwirtschaftlichen Betrieb im Süderpark stellte Jenisch ein und gestaltete den Park mit Rasenflächen und Baumgruppen. Hinzu kamen im Nordbereich Treibhäuser für Palmen und Orchideen sowie eine Gehölzsammlung – ein Arboretum –, die Jenisch sich von Johann Heinrich Ohlendorff anlegen ließ, dem Inspektor des Botanischen Gartens in Hamburg. Das Jenischhaus diente der Familie als Sommersitz, im Winter wohnte sie in ihrem Stadthaus.

Jenisch, der kinderlos starb, brachte seinen Besitz 1857 in einen Fideikommiss ein. In der Weimarer Republik wurden die Fideikommisse gesetzlich aufgelöst und der Garten 1927 an die Stadt Altona verpachtet. Als Teil des Altonaer Museums war er seit 1933 zu besichtigen.

1939 wurden Park und Haus von der Stadt Hamburg gekauft. Nach einer kriegsbedingten Schließung und Auslagerung des beweglichen Inventars konnte das Haus nach einer gründlichen Restaurierung 1953 wieder eröffnet werden.

Der weiß verputzte zweigeschossige Bau über fast quadratischem Grundriss mit hohem Souterrain und zusätzlichem Mezzaningeschoss hat ein flaches Dach hinter einem abschließenden, vergoldeten Gitter. Zur sparsamen Fassadengliederung gehören die Fugenschnitte der Fassade, vergoldete Gusseisengitter an den Fensterbrüstungen sowie eine geschossweise vorgenommene Höhenabstufung. Während die Seiten nur vier Achsen haben, präsentieren sich Eingangs- und Gartenseite mit fünf Achsen, von denen die mittleren drei enger stehen und zusammengefasst sind und die äußeren schwache Risalite ausbilden. Eingangs- und Gartenseite gleichen

Adresse
Baron-Voght-Straße 50
22609 Hamburg

Nutzung
Museum, Café
www.altonaermuseum.de

sich weitgehend. Die Elbseite des Hauses wird von einer schmalen, offenen Vorhalle hinter griechisch-dorischen Säulen mit Freitreppe geschmückt.

Im Inneren sind die Räume um ein zentrales Treppenhaus mit Oberlicht geordnet. Im Erdgeschoss befanden sich die Repräsentationsräume, im Obergeschoss die täglich genutzten Wohnräume mit Schlaf-, Ankleide- und Badezimmer. Die Bediensteten wohnten im niedrigeren oberen Halbgeschoss. Die Küche war im Keller gelegen. Für das Personal führte eine Nebentreppe hinter dem Treppenhaus vom Keller in das Obergeschoss. Im Erdgeschoss waren die Räume in Enfilade angeordnet. Die repräsentative Raumfolge umfasste ein Billardzimmer, ein Vorzimmer, einen Salon, ein Kabinett, einen Gartensaal und ein Speisezimmer. Im Obergeschoss führen Korridore um das zentrale Treppenhaus herum. Im Gegensatz zum Erdgeschoss ermöglichen sie bei den meisten Zimmern die direkte Erschließung, ohne dass ein weiterer Raum durchschritten werden muss.

Das Jenischhaus ist heute Bestandteil der Stiftung Historische Museen Hamburg und als „Museum für Kunst und Kulturgeschichte an der Elbe" mit historischem Mobiliar und Bildern eingerichtet. Seit seiner Wiederherstellung und Eröffnung als Museum 1955 ist das Haus zum Inbegriff hanseatischer Landhauskultur geworden. Da die ursprüngliche Einrichtung des Jenischhauses verloren gegangen ist, wurden die großen Repräsentationsräume im Erdgeschoss im Stil des Klassizismus und des Biedermeier eingerichtet.

Im Obergeschoss befinden sich Einrichtungen großbürgerlichen Stils aus der Zeit der Spätrenaissance bis zum Jugendstil. Hier erlebt man die Blüte der Landhausarchitektur in den Elbvororten und erhält einen Überblick über das Wohnen der Hamburger und Altonaer Oberschicht vom 17. bis zum 20. Jahrhundert.

Die Eingangshalle mit dem zentralen Treppenhaus wird von einer Skulptur dominiert: einem Fischer, 1890 von Johannes Uhde nach einem Gedicht Goethes angefertigt. Die folgenden Räume im Erdgeschoss zeigen teilweise noch Einrichtungsgegenstände aus dem Besitz der Familie Jenisch. Der „Weiße Saal" an der Ostseite hat klar gegliederte Wände mit regelmäßigen Feldern und eine Kassettendecke. Fußboden und Öfen stammen noch aus der Erbauungszeit. An der Südwestecke im Voght-Jenisch-Zimmer ist vor allem das Intarsienparkett des Fußbodens bemerkenswert, das in einem zentralen Kreis angeordnet ist. Im oberen Elbsalon der Südseite des Obergeschosses wird eine Tapete von 1827 präsentiert, die von der Manufaktur Dufour & Leroy, Paris, stammt. Sie zeigt Szenen aus Etienne François Lantiers Roman: „Die Reisen des Antenor in Griechenland und Asien" (1798). Die Tapete stammt aus einem Bauernhof in Süderau (Landkreis Steinburg). Die Möbel und Einrichtungsgegenstände sind eine Generation älter. So auch der Tafelaufsatz, den der französische Besatzungsmarschall Louis-Nicolas Davout im Jahre 1811 Martin Johann Jenisch d. Ä., dem Vater des Bauherrn, schenkte. Die Arbeit aus vergoldeter Bronze stammt von Pierre-Philippe

Thomire, dem bedeutendsten Bronzearbeiter der Napoleon-Ära. Sie steht auf einem Tisch von ca. 1825. Auch die übrigen Räume zeigen sehenswerte Interieurs. Durch die Kombination von Möbeln, Teppichen, Gemälden und kunsthandwerklichen Gegenständen wird in dem historischen Ambiente eine authentische Darstellung der historischen Wohnsituation erreicht, die vergessen lässt, dass es sich nicht um die originale Ausstattung des Hauses handelt. Leider sind in den vergangenen Jahren immer mehr Möbel aus dem Haus entfernt worden, was den Eindruck zunehmend mindert.

Der Jenischpark beeindruckt mit seinem großartigen alten Baumbestand und den weitläufigen Grünflächen, die Blicke über Täler und Abhänge bis auf die andere Elbseite erlauben. Dabei unterscheiden sich der als Pleasureground gestaltete Nordbereich des Parks mit seinem Arboretum, den Blumengärten und dem Gewächshaus von der südlich des Hauses gelegenen Wiese, um die ein Rundweg, ein so genannter „belt walk", führt. An seinem Südostrand steht seit 1995 die rekonstruierte so genannte „Eierhütte" – den Namen erhielt sie im Volksmund nach der Form ihrer Fenster. Es handelt sich um kleine Holzhütte, die für das Ursprüngliche, Wahre und Wahrhaftige stehen sollte.

Eine ganz andere Anmutung bietet der anschließende Waldstreifen zum Flottbektal mit seiner frei rekonstruierten „Knüppelbrücke" sowie dem Wiesental. Hier befinden sich an der Holztwiete ein 1833 erbautes Pförtnerhaus sowie das an der Elbchaussee gelegene so genannte Kaisertor. Dieses Tor wurde 1906 anlässlich des Besuchs von Kaiser Wilhelm I. errichtet. ✳

✳ Hamburg-Osdorf – Landhaus Emden

1906 wurde nach Entwürfen von Friedrich Fränkel für den Kaufhausbesitzer Max Emden in einem Bereich des ehemaligen Norderparks von Voghts „ornamented farm" eines der letzten Landhäuser der Elbvororte errichtet. Es liegt an der Jenischstraße 48. Der Bauherr, der sich durch engagierte Architekturkritik an der Hamburger Reformbewegung um 1910 beteiligte, wollte mit seinem Landhaus ein Modell für die von ihm für die bürgerlichen Kreise propagierten Architektur liefern. Im Gegensatz zu fast allen Landhäusern in den Elbvororten – mit Ausnahme des Voght-Hauses – waren ein Wirtschaftshof und eine landwirtschaftliche Nutzung vorgesehen. Der Bau folgte dem Gedanken des Heimatstils und verwendete heimische Formen und Materialien. Hingegen ist der Stilpluralismus des Historismus nicht an dem Bau zu finden. Backstein, hohe Satteldächer und Sprossenfenster mit Fensterläden erinnerten an schleswig-holsteinische Landarchitektur.

Das Innere unterteilte sich in einen offiziellen Bereich mit Bücherei, Wohnhalle, Salon und Esszimmer sowie einen privaten Bereich mit Wohn- und Schlafräumen. Ferner gab es einen Wirtschaftshof.

An die Gesellschaftsräume schloss sich ein Garten an, der 1910 von Jacob Ochs nach einem Entwurf von Leberecht Migge angelegt worden war. Auf einen kleinen Ziergarten folgte ein großer Garten. Er schuf auf verschiedenen Ebenen eine Vielzahl an Gartenräumen. Unter anderem gab es einen aus Backstein gemauerten Wasserkanal. Heute ist der Gebäudekomplex im Äußeren und Inneren durch Umbauten stark verändert. Der große Garten wird in weiten Bereichen als Sportfläche für die im Haus untergebrachten Privatschulen genutzt. ✳

Adresse
Jenischstraße 48
22609 Hamburg

Nutzung
Privatschulen

Hamburg-Nienstedten – Landhaus Vorwerk

Das oberhalb der Elbchaussee gelegene Gelände des Landhauses Vorwerk gehörte ehemals zum Besitz des Hinrich I. van der Smissen, der hier eine Mühle erbaut hatte. Neben dieser entstand 1770 ein Landhaus für Jacob Gysbert van der Smissen. Ende des 18. Jahrhunderts wurde es verkauft. Den Bereich mit den Gebäuden nahm die Familie Hanbury in Pacht, der andere Teil ging an den Bauern Biesterfeld. Die Trennung erfolgte entlang des Nienstedtener Kirchwegs, einem heute noch erhaltenen Fußweg von der Baron-Voght-Straße zum Wesselhoeftpark.

1840 erwarb der Hamburger Kaufmann Georg Friedrich Vorwerk das Gelände von Peter Biesterfeld und ließ sich noch im selben Jahr ein Landhaus nach Plänen von Franz Gustav Forsmann erbauen. Hinzu kamen eine Orangerie, ein Gärtnerhaus und ein Stallgebäude mit Remise, die sich um einen Hof herum im Norden des Hauses gruppierten. Den Park gestaltete Johann Heinrich Ohlendorff, der auch schon den Jenischpark konzipiert hatte.

Adresse

Baron-Voght-Straße 19
22609 Hamburg

Nutzung

Privatbesitz

1857 bekam Georg Friedrich Vorwerk durch eine Versteigerung den angrenzenden Besitz von Hanbury hinzu, so dass das Grundstück annähernd wieder vereint war. Beide Bereiche sind heute durch eine Holzbrücke miteinander verbunden.

1895 erfolgte an der Rückseite des Hauses eine Erweiterung nach Entwürfen von Martin Haller. Die Orangerie wurde abgebrochen. Das alte Hanburysche Sommerhaus, das so genannte Alte Eichberghaus, war 1903 baufällig, weshalb es durch das Neue Eichberghaus ersetzt wurde.

Das Landhaus Vorwerk erscheint als eine Kopie des Landhauses Godeffroy „die Bost" aus dem Jahr 1834. Es steht wie das Jenischhaus am höchsten Punkt des Geländes. Der rechteckige, schlicht verputzte Bau mit Mezzanin und flachem Walmdach mit Oberlicht hat an der Elbseite einen sich vorwölbenden Mittelteil. Gurtgesimse gliedern die Fassaden. Die Fenster sind ohne Profile in die Wand eingeschnitten. Das Haus maß ehemals vier Achsen an den Seiten und fünf zum Eingang. An der fünfachsigen Elbseite entfallen drei auf den halbovalen Anbau. Hier ist dem Gebäude eine gusseiserne Veranda vorgelagert. Das Erdgeschoss vermittelt mit Fenstertüren in den Garten. Zwischen ihnen sind Reliefmedaillons angebracht mit Darstellungen von Tag und Nacht nach Vorbildern von Bertel Thorvaldsen.

Das Innere des Hauses ist heute verändert. Lediglich die Räume zur Elbseite sind ursprünglich. Ehemals befanden sich im Erdgeschoss die Gesellschaftsräume, im Obergeschoss die privaten Gemächer. Eine quer gelegte Diele erschließt das Gebäude. In der Hauptachse liegt der Gartensaal, der von einem Wohnzimmer und einem Speisesaal begleitet wird. Dem Speisesaal ist ein Buffet vorgelegt.

An der Baron-Voght-Straße 27-29 befindet sich ein weiteres Landhaus, das Landhaus Eichenlust. Das heutige Gebäude entstand wohl im 19. Jahrhundert für Johann Janssen als zweigeschossiger Backsteinbau von sechs Achsen mit eingeschossigen Seitenflügeln, deren Mittelachse von einem Säulenaltan betont wird. Umbauten im 20. Jahrhundert veränderten jedoch das Aussehen des Gebäudes sehr.

An der Elbchaussee 352 steht das Landhaus Sillem/Wesselhoeft, das 1826 für den Senator Martin G. Sillem erbaut wurde. Es handelt sich um einen schlichten zweigeschossigen Putzbau mit abgewalmtem Satteldach und einer Veranda vor dem zur Elbe ausgerichteten Mittelrisalit. Nachdem der Besitzer mehrmals gewechselt hatte, kam das Haus Sillem 1864 an den Hamburger Kaufmann Carl Johannes Wesselhoeft, der das Innere neu gestalten ließ. Der nördliche Teil des ehemals großen Parks wurde 1953 als öffentliche Grünanlage von der Stadt Hamburg gekauft und ist heute als Wesselhoeftpark frei zugänglich. Das Landhaus wurde in Einzelwohnungen umgebaut und 1970/71 instand gesetzt. ※

Hamburg-Nienstedten – Landhaus Baur, „Elbschlösschen"

Das 1803 bis 1806 von Johann Heinrich Baur erworbene Grundstück an der Elbchaussee 372 ist über die Christian-Frederik-Hansen-Straße zu erreichen. Von 1804 bis 1806 entstand hier das Landhaus des Altonaer Kaufmanns und Bürgermeisters Johann Heinrich Baur nach Plänen von Christian Frederik Hansen. Bereits im Jahr darauf verstarb Baur, so dass sein Bruder Georg Friedrich das Anwesen übernahm. Dieser war Kaufmann und Konferenzrat. Das Grundstück in Nienstedten wurde vermutlich 1808/09 von Joseph Ramée gestaltet.

1865 gelangte der Besitz an Baurs Schwiegersohn Eduard von Hildebrandt. 1881 erfolgte der Verkauf an eine neu gegründete Brauerei, die ehemalige Elbschlossbrauerei. Der Garten wurde weitgehend zerstört, parzelliert und zum großen Teil mit Brauereigebäuden überbaut. Die Brauerei selbst nutzte das Haus teilweise als Dienstwohnung und ließ es 1958 renovieren. Nach Aufgabe der Brauerei Ende der 1990er Jahre fand das Haus in der Hermann Reemtsma Stiftung einen neuen Besitzer und wurde aufwändig restauriert.

Das Spätwerk Hansens ist ein zweigeschossiger, verputzter Zentralbau auf quadratischem Grundriss mit flachem Dach und einer niedrigen Kuppel mit Oberlicht. Der rustizierte Sockel des Gebäudes ist von Halbrundfenstern durchbrochen, darüber schließen sich die glatten, ungegliederten Wandflächen der übrigen Geschosse an, die nur durch Fenstergewände ein Profil erhalten. Diese Wandflächen sind doppelt so breit wie hoch, was zu einem harmonischen Gesamteindruck des Gebäudes führt. Zum Eingang hin ist es mit einem Säulenportikus mit zwei ionischen Vollsäulen sowie zwei ionischen Pilastern vor einer offenen Eingangshalle ausgezeichnet. Da es im Obergeschoss keine Fenster, sondern Reliefmedaillons gibt, wirkt der Bau eingeschossig.

Im „Elbschlösschen", einem Zentralbau, sind alle Räume um eine Rotunde mit Oberlicht angeordnet. Die Rotunde wird mit acht kannelierten, korinthischen Pilastern, die ein Gebälk mit Rankenfries tragen, aufwändig geschmückt. Hinzu kommen Skulpturennischen über einer hohen Sockelzone. Spätere Umbauten brachten zusätzliche Wände in das Haus, führten zu einer Absenkung der Decken und einer Verkleinerung des Treppenhauses. Vieles konnte während der letzten Restaurierungsmaßnahme rückgängig gemacht werden. Das ehemalige Treppenhaus ist jedoch verloren.

An der Elbchaussee 388 steht ein weiteres bemerkenswertes Landhaus, das sich 1789 der Hamburger Kaufmann Berend III Roosen errichten ließ. Es entstand ein T-Haus aus Fachwerk mit nach Osten abgewalmtem Satteldach in traditioneller Gliederung. Zur Elbe hin wurde der zweigeschossige Bau verschindelt und mit einem dreiachsigen Mittelrisalit geschmückt.

Adresse
Elbchaussee 372
22609 Hamburg

Nutzung
Hermann Reemtsma Stiftung
www.hermann-reemtsma-stiftung.de

✳ Hamburg-Blankenese – Landhaus Johann Cesar Godeffroy, „Hirschparkhaus"

Bereits 1620 erwarb A. Oldenhorst drei Bauernhöfe am Elbhang in Dockenhuden, aus denen er ein Landgut schuf. 1786 kaufte der Hamburger Kaufmann und Reeder Cesar IV. Godeffroy das Anwesen. Die Godeffroys waren erst in der ersten Hälfte des 18. Jahrhunderts nach Hamburg zugewandert. 1769 erlangte die Familie das Großbürgerrecht und heiratete in die Hamburger Familien ein. Anfang des 19. Jahrhunderts war sie eine der vermögendsten Familien der Hansestadt.

Cesar IV. Godeffroy ließ sich sein Landhaus nach Plänen von Christian Frederik Hansen in den Jahren 1789 bis 1792 erbauen. Das Anwesen blieb bis 1885 im Besitz der Familie Godeffroy. Vor allem Johann Cesar VI. Godeffroy hatte Interesse an Forst und Jagd und gestaltete die vorher eher ländlich geprägten Flächen um. So kamen ein Hirschgehege und ein Teich mit Wassergraben hinzu. Zudem kaufte die Familie Godeffroy das umliegende Land in großem Stil auf, um es aufzuforsten. Zahlreiche Waldbestände der Umgebung gehen auf die Familie zurück. Nach dem Tod von Johann Cesar VI. Godeffroy 1885, der bereits 1879 in Konkurs gegangen war, gelangte das Anwesen an Ernst August Wriedt und 1924 an die Gemeinde Blankenese. Ein Teil im Norden wurde parzelliert und bebaut, der verbliebene Park 1927 der Öffentlichkeit zugänglich gemacht. Das Gebäude wurde 1939/40 restauriert und äußerlich in seinen ursprünglichen Zustand zurückgeführt.

Der Park liegt mit dem Landhaus auf einem Geestplateau hoch über dem Elbufer. Der Weg zum Landhaus führt durch eine Einfahrt mit zwei pylonförmigen Pfeilern, die Halbkugeln tragen. Das Landhaus präsentiert sich als ein breit gelagerter zweigeschossiger Putzbau mit fünf Achsen mit eingeschossigen Seitenflügeln von je drei Achsen. Der Eingang wird durch eine von zwei dorischen Sandsteinsäulen getragenen Vorhalle mit Freitreppe akzentuiert. Das Obergeschoss ist als Mezzanin ausgebildet. Über dem nördlichen Eingang wies damals der Spruch „Der Ruhe weisem Genuß" auf die Funktion des Hauses als Sommersitz hin. Die Seitenflügel präsentieren sich bedeutend schlichter.

Die Elbseite ist im Gegensatz zur Eingangsseite nicht in einer Flucht gegliedert, sondern aus einzelnen Elementen zusammengesetzt. Der Mittelteil wird durch einen halbrunden Mittelbau von drei Achsen geprägt. Dieser hat im Erdgeschoss eine Bänderrustika. In der Mitte führt eine Freitreppe in den Garten, die ehemals nicht vorhanden war. Kräftige Eckquaderungen geben dem Kernbau Halt. Die Seitenbereiche treten schlicht zurück. An beiden Seiten ruht der Bau auf einem eng durchfensterten Sockelgeschoss. Hier befanden sich ehemals die Wirtschaftsräume. Das Erdgeschoss wird in seiner Mittelachse von einem quer

gelegten Vestibül und einem längs gerich-
teten Ovalsaal an der Gartenseite bestimmt. Der Bau folgte einer traditions-
reichen Raumorganisation, die ihre Ur-
sprünge in Frankreich um 1700 in der
so genannten Petite Maison fand. Für
diese waren die Mittelachse aus Vestibül
und Gartensaal mit rechts und links
anschließenden Räumlichkeiten typisch.
Zwischen diesen Räumen gab es geheime
Gänge und Dienertreppen.

Das „Hirschparkhaus" ist später im Inneren
stark verändert worden. Im linken Seitenflügel des Erdgeschosses etwa ließ man
alle Trennwände entfernen. Im Vestibül,
im einstigen Gartensaal und im ehemaligen Esssaal blieb der Stuck erhalten.
Die reich geschmückten Wände zeigen
Wandfelder mit Gipsreliefs, Medaillons
oder figürlichen Darstellungen.

Der Hirschpark ist in seinen ursprünglichen
Formen weitgehend erhalten geblieben
und der Öffentlichkeit zugänglich. Der
Park setzt sich aus verschiedenen Teilen
zusammen. So gibt es zum einen großzügi-
ge Rasenflächen, die von alten Bäumen
geprägt sind. Zum anderen gibt es den so
genannten „Antiken Garten", der als
Rechteck gestaltet ist. Ein weiterer zentra-
ler Bereich mit Rosenbeeten und Rasenflächen wird von Rhododendrenpflanzun-
gen und einer aus dem späten 18. Jahrhundert stammenden vierreihigen Lindenallee begrenzt. Der östliche Bereich des
Parks wird von einem Wildgehege mit
Damwildbestand eingenommen. Der ehemalige Kirchenweg am Geestabfall bietet
herrliche Blicke in das Tal. Unter dem Weg
hindurch führt ein Tunnel zu einem alten
Aussichtspunkt.

Adresse
Elbchaussee 499
22587 Hamburg

Nutzung
Lola Rogge Schule
www.lolaroggeschule.de

❋ Hamburg-Nienstedten – Landhaus Richard Godeffroy, „die Bost"

Unterhalb des Hirschparks steht ein weiteres ehemals Godeffroysches Landhaus, genannt „die Bost". Bereits 1797 gehörte das Gelände Henry Simons. Später besaß das Grundstück der Gartenkünstler Joseph Ramée. 1809 gelangte es an Berend II Roosen, doch seine Kinder verkauften es 1828. 1833 erwarb der Hamburger Kaufmann und englische Generalkonsul Richard Godeffroy das bereits seit mehreren Jahrzehnten als Landsitz genutzte Grundstück. Von Arthus Patrick Mee, einem Schüler von John Soane, ließ er sich ein Landhaus erbauen. Das alte Wohnhaus wurde dafür abgerissen und der Neubau an etwas höherer Stelle errichtet. Nach Godeffroy gelangte der Besitz an den Kaufmann Gottlieb Jenisch, Bruder von Johann Martin Jenisch d. J., der das Jenischhaus erbaute. Im Besitz seiner Nachkommen verblieb das Haus bis 1921. Das bereits verkleinerte Grundstück wurde nun teilweise parzelliert. Ehemals gehörte die ganze Straße „In de Bost" zum Landhaus. Das Pförtnerhaus stand an der Elbchaussee. Das Gebäude, das eigentlich als Sommersitz erbaut wurde, erhielt erst in den 1920er Jahren eine Heizung, so dass es fortan auch im Winter zu bewohnen war. 1953 gelangte der Besitz an Rudolf August Oetker, der durch Cäsar Pinnau 1953/54 einen Umbau vornehmen ließ.

Das zweigeschossige Landhaus steht auf einer kleinen Anhöhe unterhalb des Geestabfalls. Der verputzte, gelb gestrichene Bau über fast quadratischem Grundriss hat ein Walmdach mit Oberlicht. An der Nord- und Südseite gibt es einen jeweils drei Achsen breiten, halbovalen Vorbau. Geschickt sind die Schornsteine um das Oberlicht angeordnet und mit einer Balustrade verbunden. Die Fenster zur Elbseite sind als Türen gestaltet. Sie führen im Erdgeschoss auf eine Terrasse, im Obergeschoss jeweils auf einen kleinen Balkon. Das Innere wartet mit einer großen Halle auf, die vom Erdgeschoss bis zum Dach reicht. Hohe Flügeltüren mit geschnitzten, ornamentierten Verdachungen führen in die Gesellschaftsräume. ❋

Adresse

In de Bost 39-41
22587 Hamburg

Nutzung

Privatbesitz

Hamburg-Blankenese – Landhaus Peter Godeffroy, „Weißes Haus"

Der Besitz an der Elbchaussee 547 ist ursprünglich 1789 vom Justizrat Matthiesen gekauft worden. Ein zweites Grundstück gehörte ehemals der englischen Familie Hutchinson. 1789 erwarb der Hamburger Kaufmann Peter Godeffroy den am Elbhang gelegenen Landsitz und ließ sich hier 1790/91 von Christian Frederik Hansen ein Landhaus erbauen. Peter Godeffroy war der Bruder von Cesar IV. Godeffroy, der sich von 1789 bis 1792 ebenfalls von Hansen sein „Hirschparkhaus" erbauen ließ. Für Peter Godeffroy fertigte Hansen nur die Planung an, die Bauausführung blieb dem Bauherrn selbst überlassen. Um das Haus entstand ein großer Park, der von Daniel Louis Jacob bis 1792 angelegt wurde.

Nach Peter Godeffroys Tod 1822 kam der Besitz an seinen Schwiegersohn Ludwig Thierry. Charlotte Thierry starb 1880. So erbte Wilhelm von Godeffroy das Anwesen. Da der neue Eigentümer hauptsächlich in Berlin lebte, verfiel die Anlage zunehmend. Nach Godeffroys Tod 1904 gelangte der Besitz an den Kaufmann Friedrich Kirsten, der das Grundstück teilweise parzellierte. Das verbliebene Grundstück mit dem Hauptgebäude erwarb 1920 Karl Sieveking, der mit der Renovierung des Baus begann. 1934 kam die Anlage an den Reeder John T. Essberger, der die Renovierung fortsetzte. Die sehr gepflegte Anlage ist auch heute noch in Privatbesitz.

Das zweigeschossige Haus ist ein verputzter Fachwerkbau. Die H-förmige Anlage mit schwachen Seitenrisaliten hat ein Sockelgeschoss sowie ein Walmdach. Die Eingangsseite von sieben Achsen schmückt eine ionische Ädikula mit kannelierten Säulen. Sie hat einachsige Seitenrisalite. Die siebenachsige Elbfront variiert die Eingangsseite. Hier sind die Risalite je zwei Achsen breit. Vor dem dreiachsigen Mittelteil wurde eine Loggia mit vier ionischen Säulen und darüber liegendem Balkon eingefügt. Es gab keinen Zugang zum Garten. Die Treppe wurde erst später hinzugefügt.

Im Inneren ist der Grundriss klar symmetrisch gegliedert. Auf ein Vestibül folgt der Gartensaal, flankiert von zwei Salons. Die Verteilung der Wohn- und Repräsentationsräume auf die Geschosse folgt dem üblichen Schema, die Wohnräume liegen an der Eingangsseite, die Repräsentationsräume zur Gartenseite.

Die reiche Innenausstattung des „Weißen Hauses" hat sich erhalten. Die flachen Wandstuckdekorationen folgen den in Dänemark damals weit verbreiteten Raumdekorationen im Stil der Brüder Adam aus England. Die Wandfelder sind mit arabeskenhaften und figürlichen Reliefs sowie Medaillons geschmückt. Die Wandgestaltung des Speisesaals im Erdgeschoss folgt dem Vorbild römischer Fresken. Die Gipsabgüsse antiker Reliefs und Figuren stammen aus Rom und waren ursprünglich für den preußischen Hof bestimmt. Da das Transportschiff vor Blankenese strandete, konnte Hansen die beschädigte Ware preiswert erwerben.

Adresse
Elbchaussee 547
22587 Hamburg

Nutzung
Privatbesitz

Hamburg-Blankenese –
Landhaus G. F. Baur, „Katharinenhof"

Der Altonaer Kaufmann und Konferenzrat Georg Friedrich Baur erwarb in den Jahren von 1802 bis 1817 nacheinander elf Grundstücke am Elbhang. Das ungefähr 18 Hektar große Gelände ließ er von 1803 bis 1810 durch Joseph Ramée zu einem großen Park gestalten. Er setzte Ramée auch für die Anlage des Gartens am „Elbschlösschen" ein, das er von seinem 1807 verstorbenen Bruder übernommen hatte.

Zu Beginn der Gartengestaltung erfolgte die Aufschüttung des so genannten Kanonenbergs 1803, von dem aus die Schiffe des Bauherrn begrüßt wurden. Um das Gelände zu bepflanzen, musste Mutterboden besorgt werden, da der sandige Boden zu ausgewaschen war. Der Park wurde mit verschiedenen Gartenarchitekturen ausgestattet und zu einem der berühmtesten englischen Gärten in Deutschland. Es gab einen chinesischen Turm, einen japanischen Schirm, eine künstliche Turmruine, eine Waldhütte, eine Grotte, einen Rundtempel und weitere Kleinarchitekturen. Von 1829 bis 1836 ließ Baur sich durch Johann Matthias Hansen und Ole Jörgen Schmidt ein neues Landhaus errichten, das einen älteren Bau von 1785 ersetzte.

Nach Baurs Tod 1856 wurde das Grundstück in einen Familienfideikommiss überführt und der Besitz 1921 an die Gemeinde Blankenese verkauft. Bereits ein Jahr später veräußerte diese ihn an Dr. Bach, der ihn parzellierte. 1923 gab der neue Besitzer L. R. Müller dem Haus den Namen „Katharinenhof", benannt nach dem Vornamen seiner Frau. Als 1927 durch die Eingemeindung von Blankenese nach Altona eine weitere Bebauung gestoppt wurde, waren einige Parzellen bereits bebaut. Das Landhaus wurde Verwaltungszwecken zugeführt und der Park öffentlich zugänglich. Nach dem Krieg zog in das Stallgebäude von 1839 nach einer Renovierung 1955 eine öffentliche Bücherhalle ein. Seitdem die Stadt Hamburg 2004 den Verkauf der Baulichkeiten beschlossen hat, ist die Zukunft des Hauses ungewiss.

Das Landhaus „Katharinenhof" ist ein zweigeschossiger Putzbau mit durch Mezzanine erhöhten Seitenrisaliten, einer Säulenloggia mit vier dorischen Säulen an der Elbseite sowie Attikarelief mit der Darstellung des Raubes der Proserpina. Bei dem Bau von fünf zu fünf Achsen stehen die inneren drei Achsen dichter, so dass die äußeren Achsen die Anmutung von Ecktürmen erhalten, obwohl sie nur an zwei Seiten vortreten. Bei diesem recht spät errichteten Bau wird der Nutzungswandel zum Hauptwohnsitz deutlich. Das Obergeschoss ist über eine dreiläufige Treppe mit der hohen Halle im Erdgeschoss verbunden. Das Innere ist zum Teil aufwändig mit Säulen dekoriert und hatte einst eine reiche Farbnuancierung. ✳

Adresse

Mühlenberger Weg 33

22587 Hamburg

Nutzung

Park ist frei zugänglich

✳ Hamburg-Blankenese –
Landhaus Blacker, „Goßlerhaus"

1794/95 ließ der englische Kaufmann und Courtmaster (Vorsitzender der Interessensgemeinschaft englischer Kaufleute) in Hamburg, John Blacker, sich durch Christian Frederik Hansen auf dem so genannten Krähenberg oberhalb von Blankenese ein Landhaus errichten. Blacker betätigte sich als Bodenspekulant und hatte bereits zuvor an anderer Stelle Grundstücke erworben und wieder verkauft. Auch das Grundstück auf dem Krähenberg war bereits 1789 im Besitz von Blacker gewesen. Das Landhaus sollte vor allem der repräsentativen Geselligkeit dienen. Das Haus war ursprünglich ein eingeschossiger, verputzter Bau auf rechteckigem Grundriss über einem hohen Souterrain. An den Schmalseiten standen vorgesetzte breite Säulenportiken mit figurengeschmücktem Giebelfeld, an den Längsseiten Loggien. Da an allen vier Seiten Säulenstellungen waren, entstand der Eindruck eines antiken Tempels.

Nur je eine Achse an den Ecken blieb ohne Säulen. Hansen verwendete dorisch griechische Säulen und gab dem Bau einen umlaufenden Triglyphenfries.

1816 verkaufte Blacker das Anwesen an den Kaufmann Daniel Roß (1776 bis 1840). 1897 erwarb der Kaufmann John Henry Goßler (1849 bis 1914) nach dem Tod seiner Tochter 1896 das Anwesen. Er ließ das Haus 1897 durch Martin Haller zweigeschossig um- und ausbauen. Der alte Fachwerkbau brannte jedoch 1901 ab und wurde daraufhin von Goßler in der neuen zweigeschossigen Gestalt wiederum durch Martin Haller wieder aufgebaut. Der kubische Ausbau im Dachbereich erhielt zur Elbe hin eine weitere Säulenloggia. Heute prägt die zweigeschossige Säulenfront an der Südseite mit vorgezogenem Mittelteil im Erdgeschoss den Bau.

Adresse
Blankeneser
Landstraße 34/
Goßlers Park 1
22587 Hamburg

Nutzung
Bibliothek,
private Hochschule
www.bucerius-event.de

Das Landhaus steht am höchsten Punkt des bewaldeten Berges. Die weiten Rasenflächen und alten Baumbestände lassen nicht vermuten, dass der Krähenberg bei der Übernahme durch Blacker gänzlich unbepflanzt war.

1924 gelangte das Gelände in öffentlichen Besitz. Der kleinere südliche Teil wurde 1934 als öffentlicher Park erhalten, der nördliche Bereich bebaut. In das „Goßlerhaus" zog das Blankeneser Rathaus ein. Nach der Eingemeindung Altonas 1927 kam hier ein Heimatmuseum unter. Das Haus diente zudem kulturellen Veranstaltungen. 1934 wurden die Veranstaltungen jedoch eingestellt und das Heimatmuseum geschlossen. Nach der Nutzung als Ortsamt Blankenese bis 2004 erfolgte 2006 der Erwerb durch die Familie Weisser. Sie übertrug den Bau nach umfassender, denkmalgerechter Sanierung unentgeltlich an die für den Erhalt des „Goßlerhauses" gegründete Klaus-Schümann-Stiftung zum Zwecke einer wissenschaftlichen und kulturellen Nutzung.

2007 erfolgte die Vermietung an die Bucerius Law School und die Zeit-Stiftung Ebelin und Gerd Bucerius. Das Haus wird für Tagungen und Seminare genutzt. Ferner wurde im „Goßlerhaus" eine Horst-Janssen-Bibliothek eingerichtet. Der bedeutende Künstler Janssen lebte von 1967 bis zu seinem Tod 1995 in Blankenese. ※

Hamburg-Blankenese – Landhaus Klünder, „Hesse-Haus"

Um 1800 wurde für den Hamburger Kaufmann Rütger Heinrich Klünder in der Oesterleystraße ein schlichtes Landhaus erbaut. Er arbeitete in der Firma Peter Godeffroy & Söhne. Nach dem Tod des Ehepaars 1848/49 wurde der Besitz verkauft und geteilt. Die westliche Hälfte gelangte an Hermann Christoph Wilmans, die östliche Hälfte an Hermann Günther Jocheim. 1856 erwarb der Hamburger Syndikus Dr. Carl Hermann Merck den östlichen Teil des Grundstücks mit dem Landhaus. Er pflanzte neue Bäume im Park an und errichtete ein Gewächshaus.

Über eine Brücke war der Hauptsitz mit dem Kiekeberg verbunden. Im Tal wurde eine künstliche Felspartie, eine „Rockery", angelegt. 1876 ging das Anwesen an den Kaufmann Georg Heinrich Hesse über, von dem der Hessepark noch heute seinen Namen trägt. 1926 gelangte das Anwesen an die Gemeinde Blankenese. Sie richtete das Haus für Verwaltungszwecke her und machte einen Teil des Parks zur öffentlichen Grünanlage. 2004 schrieb die Freie und Hansestadt Hamburg, die das Haus nicht mehr benötigte, das Gebäude zusammen mit dem „Katharinenhof" und dem „Goßlerhaus" zum Verkauf aus. Seit 2008 wird das „Hesse-Haus" von der evangelischen Bugenhagen-Schule genutzt.

Der zweigeschossige, verputzte Bau über quadratischem Grundriss mit Flachdach ist klein und schlicht gestaltet. Er zählt an jeder Seite nur drei Achsen und schließt mit einem kräftigen Gebälk ab, auf dem ehemals eine Balustrade stand. Die Fenster des Obergeschosses sind bedeutend niedriger als die des Hauptgeschosses. An die Nordseite wurde ein ergänzender Wirtschaftsteil angefügt, der 1856 eine Aufstockung erhielt. Auch die von Merck errichtete Veranda war ehemals nicht vorhanden. ※

Adresse

Oesterleystraße 22
22587 Hamburg

Nutzung

Schule

✳ Hamburg-Blankenese – Süllberg

Auch wenn heute außer einem Turm aus dem 19. Jahrhundert nichts mehr daran erinnert, gehört der Süllberg zu jenen Plätzen in Hamburg, auf denen mehr als eine Burg gestanden hat. Der Süllberg ist mit 75 Metern die höchste Erhebung direkt über der Elbe. Hier stand eine der wenigen Höhenburgen im Nordseeraum.

Erzbischof Adalbert von Bremen suchte, die erzbischöfliche Position nördlich der Elbe gegen die Herzöge von Sachsen zu sichern. 1059 verkündete Adalbert die Errichtung einer befestigten Propstei auf dem Süllberg. Der Erzbischof begründete den Bau damit, dass er gegen die Slawen gerichtet sei. Die gleichzeitige Einrichtung eines Kanonikerstiftes machte jedoch deutlich, dass es um mehr als um eine Burg gegen die Slawen ging. Zudem konnte an dieser Stelle eine Verbindung über die Elbe von Hamburg nach Bremen hergestellt werden. Da die in der Propstei lebenden Geistlichen zu Räuberbanden wurden, kam es 1063 zu einer Zerstörung der Burg. Im Zuge des Slawenaufstands von 1066 endete die Macht von Adalbert. Kaiser Heinrich IV. setzte ihn als seinen Berater ab. Im 13. Jahrhundert entsannen sich die Holsteiner Grafen Johann und

Gerhard von Schaumburg des günstigen Platzes und beschlossen 1258, ihn neu zu befestigen. Die neue Befestigung sollte gegen den Erzbischof Gerhard von Bremen gerichtet sein, der seine Interessen auf das Gebiet nördlich der Elbe ausdehnen wollte. Nach Erlangen der Grafschaft Stade suchte er auch, deren alte Besitzungen nördlich der Elbe im Gebiet der Elbmarschen zu erlangen. Die Freiheiten des Hamburger Barbarossa-Privilegs verboten jedoch im Umkreis von zwei Meilen (15 Kilometer) die Errichtung von Befestigungen. Die Stadt Hamburg ging daher gegen die Anlage vor. Schließlich kam es zu einer Einigung mit den Grafen, in der sie sich noch im selben Jahr zur Abtragung der Burg bereit erklärten. Die Grafen errichteten sich 1311 außerhalb der Zwei-Meilen-Zone eine Burg bei Wedel, die Hatzburg.

Die Reste der Burg, bei der es sich offenbar um eine Wallanlage handelte, waren lange erhalten. Erst 1838 erfolgte ein Abtragen des Walls, als die erste Gastwirtschaft auf dem Süllberg errichtet wurde. Heute befindet sich hier eine moderne Hotel-Gastronomie. Von den Burgen blieb nichts erhalten. ✳

Adresse
Süllbergsterrasse 12
22587 Hamburg

Nutzung
verschwundene Burg
www.suellberg-hamburg.de

✳ Wedel – Hatzburg

Die Hatzburg wurde 1311 als Ersatz für die Anlage auf dem Süllberg, die die Grafen von Schaumburg aufgrund des Einspruchs der Stadt Hamburg aufgeben mussten, erbaut. 1314 gelangte Wedel an die Grafen. 1375 erfolgte der Bau eines neuen Hauses. Bis 1382 war die Burg das Verwaltungszentrum der Grafschaft Holstein-Pinneberg. Dann wurde der Sitz des Vogtes nach Pinneberg verlegt. 1392 wurde eine Kapelle gestiftet, 1405 erhielt die Hatzburg neue Palisaden, 1430 kamen ein neuer Flügel und ein Fachwerkturm hinzu und 1495 wurde ein Steinturm errichtet, der den Fachwerkturm von 1430 ersetzte. Mit schwindender Bedeutung wurde die Anlage jedoch seit 1400 häufig verpfändet. 1546 ist der letzte Aufenthalt eines Schaumburgers auf der Hatzburg bezeugt.

1568 wurde die Verwaltung endgültig nach Pinneberg verlegt und die Burg während des Dreißigjährigen Krieges zerstört. Nur wenige Jahre später erfolgte im Schwedischen Krieg zwischen 1657 und 1660 eine erneute Zerstörung der Anlage. 1669 existierten noch ein Amtshaus sowie drei Wirtschaftsbauten. Da das Verwaltungsgebäude in einem nicht mehr bewohnbaren Zustand war, musste der Amtsverwalter eine Wohnung mieten. Das Amtshaus wurde 1710 durch einen Brand vernichtet. Seither taucht die Burg in den Quellen nicht mehr auf.

Als 1964 die Hamburger Wasserwerke auf dem Gelände der ehemaligen Burg einen Brunnen einrichteten, sank der Grundwasserspiegel und es traten Pfosten der Hatzburg zutage. Von 1987 bis 1989 fanden auf dem Gelände Grabungen statt. Einige Funde sind im Heimatmuseum Wedel (Küsterstraße 5) zu sehen.

Die Reste der Hatzburg befinden sich am Ende der Hatzburgtwiete. Ein Bronzemodell des blinden Ingenieurs Volker König und eine Informationstafel geben Erläuterungen zur Burg. Die Burg hat ihren Standort im Laufe der Geschichte verlagert. Auf dem heute bekannten Gelände konnten keine Funde aus der Gründungszeit der Anlage gemacht werden. Die Reste des künstlich aufgeschütteten Burghügels sind als leichte Bodenwellen auszumachen. Sie nehmen einen Raum von etwa 120 mal 70 Metern ein. Ehemals gab es hier drei größere und zwei kleinere Hügel, die über einen 15 Meter breiten Geländesporn mit der Geest verbunden waren. Ein zwei Meter breiter Graben umfasste zwei der Hügel. Es gab eine Motte (vor 1430) und einen Turm, dessen Fundamente während der Grabung freigelegt wurden. Der Turm stand in der Mitte des Burghofs von ungefähr 30 auf 30 Metern und hatte eine Grundfläche von 9,80 auf 9,80 Metern bei einer rekonstruierten Höhe von ungefähr 13 Metern. Auch konnte eine innere und eine äußere Palisade von zwei Metern Höhe nachgewiesen werden. Der Steinturm befand sich am Rand des Burghofs neben dem Eingang, den er zugleich schützen konnte. ✳

Adresse

Hatzburgtwiete
22880 Wedel

Nutzung

verschwundene Burg

✳ Pinneberg – Drostei

Die Stadt Pinneberg war ehemals Herr-
schaftsmittelpunkt der Grafschaft
Pinneberg. Die hier gelegene Burg wurde
im 14. Jahrhundert von den Schaum-
burgern erobert und war neben Barmstedt
und Hatzburg einer der drei festen Plätze
in der Grafschaft. Auch nach 1641 blieb
Pinneberg unter den dänischen Königen
Verwaltungssitz der von Holstein eigen-
ständigen Grafschaft.

Die Burg wurde 1472 zwischen Pinnau
und Mühlenau errichtet und im späten
16. Jahrhundert sowie im 17. Jahrhundert
ausgebaut und modernisiert. 1657 ist
die Anlage zerstört und bis 1720 voll-
kommen abgetragen worden. Reste
blieben nicht erhalten. Über die alte
Burgstelle führt seit 1844 die Bahnlinie
nach Elmshorn.

Von 1765 bis 1767 entstand an der heutigen Dingstätte 23 für Hans von Ahlefeldt, Landdrost der Grafschaft, das heute noch erhaltene Gebäude, die Drostei. Ahlefeldt ließ sich hier privat einen Amtssitz erbauen. Die Pläne lieferte vermutlich Ernst Georg Sonnin. Das Gebäude blieb bis Mitte des 19. Jahrhunderts Sitz der Landdroste der Grafschaft Pinneberg. Erst 1855 wurde es vom Staat gekauft. Von 1867 bis 1933 war es Sitz der Landräte, ab 1933 Katasteramt. Von 1984 bis 1991 erfolgte ein Umbau der Drostei für kulturelle Zwecke. Heute ist in dem Gebäude die Stiftung Landdrostei mit einem Stadtmuseum untergebracht.

Der zweigeschossige Bau über hohem Sockelgeschoss mit jeweils neun Achsen an den Hauptfronten und fünf an den Seiten hat einen dreiachsigen Mittelrisalit mit etwas engerer Achsenstellung und einem Mezzaningeschoss, das einen abschließenden Dreiecksgiebel trägt. An der Eingangsseite ist über dem Eingangsportal aus Sandstein das Wappen der von Ahlefeldt und der von Grote angebracht. Ein umlaufendes Gurtgesims und hölzerne Kreuzstockfenster mit Stichbogenblenden gliedern die Fassaden. Quaderlisenen begrenzen den dreigeschossigen Mittelrisalit und die Gebäudeecken. Das Mansardwalmdach wird von Gauben durchbrochen.

Das Innere zeigt teilweise noch ein barockes Ambiente. Vieles ist im Originalzustand überliefert wie die Sockelpaneele, die Rokokostuckdecken und die geschmückten Ofennischen. Der oft florale Stuck ist rocailleähnlich angeordnet, was eine sommerlich-leichte Anmutung hervorruft. Ehemals gab es zwei Treppen im Haus. Zur Eingangshalle offen wurde links ein Treppenhaus mit schwarz-weißen Marmorfliesen angelegt, an der rechten Seite befand sich eine geheime Nebentreppe. An der Gartenseite ordnete man die drei Salons in Enfilade an. Die Mitte des Obergeschosses erhielt einen Festsaal, der durch das ganze Gebäude reicht.

Der vor dem Haus gelegene Park war bereits um 1800 zu einem Landschaftsgarten umgestaltet worden. Heute befinden sich hier ein kleiner Teich und die Reste einer Lindenreihe. ☀

Adresse
Dingstätte 23
25421 Pinneberg

Nutzung
Kultur- und
Veranstaltungszentrum,
Museum
www.landdrostei.de

✳ Barmstedt – Schloss Rantzau

Die genaue Gründungszeit und die ursprüngliche Lage der alten Burg der im 12. und 13. Jahrhundert genannten Herren von Barmstede sind nicht genau bekannt. Nach dem Aussterben der Ritter von Barmstede kam die Herrschaft Barmstedt 1322 an die Grafen von Schaumburg. Mit dem Ende der Grafschaft Pinneberg 1640 gelangte Barmstedt an den Gottorfer Herzog. Dieser veräußerte den Besitz an die Familie von Rantzau, die hier von 1649 bis 1726 die reichsfreie Grafschaft Rantzau begründete. Zeitweilig residierten die Rantzaus in Barmstedt. Sie bewohnten ein aus der Schaumburger Zeit stammendes Haus. Es handelte sich um einen einstöckigen Fachwerkbau.

Unter Wilhelm Adolph von Rantzau wurde hier um 1722 ein neues Schloss erbaut. Es wurde nach Auflösung der Grafschaft durch Dänemark 1726 zum Sitz des dänischen Administrators. 1757/58 kam ein neuer zweistöckiger Flügel hinzu. 1805 wurde der Komplex abgerissen und 1806 ein Neubau errichtet. Das Haus soll dabei auf den Fundamenten des Vorgängerbaus errichtet worden sein.

Adresse
Rantzau 13
25355 Barmstedt

Nutzung
Museum, Privatbesitz
www.museen-sh.de

1824 erfolgte der Abriss des Hauses des Amtsverwalters, das 1728 erbaut worden war. Es wurde durch ein Haus für den Gerichtsschreiber ersetzt. Anstelle des 1798 errichteten Gerichtshauses wurde 1863 ein Amtsgericht erbaut. Bis zum Ende der dänischen Herrschaft 1864 nutzte der königlich-dänische Administrator des Hauptgebäudes, das unter den Preußen ab 1866 als Wohnung des Amtsrichters diente. Im Laufe der Zeit wuchsen die drei Inseln, auf denen sich das Schloss und die Nebengebäude befanden, zu einer Insel zusammen. Die Insel wurde der Stadt Barmstedt durch Schenkung vom Land Schleswig-Holstein 1984 übereignet. Heute liegt Rantzau in idyllischer Atmosphäre am Südufer eines Sees, der 1934 bis 1938 durch Aufstauung der Krückau entstand. Vom ehemaligen Vorwerk hat sich nichts erhalten. Doch steht vor dem Schloss eine Wassermühle von 1815. Der zweigeschossige Hauptbau von sieben Achsen ruht auf einem Quadersockel, dem Kellergeschoss. Die schlichte Fassade schmücken Fenster mit Werksteingewänden und ein Mittelportal, das über eine Freitreppe zu erreichen ist. Ein zusätzliches Sohlbankgesims schmückt die Eingangsseite. Das Gebäude, das nicht besichtigt werden kann, verfügt im Inneren über eine regelmäßige Aufteilung.

Das Heimatmuseum der Grafschaft Rantzau im Amtsgerichtsgebäude informiert über die Geschichte der Stadt und der Schlossinsel sowie der ehemaligen „Freien Reichsgrafenschaft Rantzau". ✳

Haseldorf – Herrenhaus

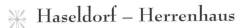

Von 1187 stammt die älteste Erwähnung des Rittergeschlechts von Haseldorf. Die Ritter waren Ministeriale des Bremer Erzbistums. 1257 verlieh der Bremer Erzbischof Haseldorf an die Ritter von Barmstedt. Daraufhin kam es zu einer Fehde mit den Schaumburger Grafen, die die Herren von Barmstedt nicht als Bremer Ministerialen anerkennen wollten. Im Frieden von 1259 verpflichtete sich Otto von Barmstedt, keine neue Burg in Haseldorf zu errichten. Graf Gerhard III. von Schaumburg erlaubte den Rittern jedoch 1317, ein unbefestigtes Schloss zu erbauen. Dieses kam 1376 als Pfand an die Grafen von Holstein. Zusammen mit der Grafschaft Holstein gelangten auch die Elbmarschen mit Haseldorf an den dänischen König. 1460 wurde Haseldorf königliche Vogtei. 1494 gelangte das Gut zusammen mit den

Elbmarschen an Hans von Ahlefeldt im Tausch gegen seine Besitzungen in Schleswig. 1500 wurde das Erbe unter den Söhnen des Hans von Ahlefeldt aufgeteilt, was in den folgenden Jahren zu innerfamiliären Streitigkeiten bis hin zum Mord führte. 1657 steckten schwedische Truppen das Gut in Brand, woraufhin 1677 ein Neubau des Herrenhauses notwendig wurde. 1731 gelangte Haseldorf an die Familie von Schilden. Die repräsentative Zufahrt über den noch heute von Linden gesäumten Damm wurde 1758 angelegt.

Um 1780 folgte die Anlage eines Arboretums mit zahlreichen amerikanischen Importgehölzen. Es handelt sich um einen der ältesten Baumgärten in Norddeutschland. 1804 schließlich wurde das alte Herrenhaus durch einen Neubau nach

Adresse
Schlossweg
25489 Haseldorf

Nutzung
Privatbesitz

Plänen von Christian Frederik Hansen für Hans Heinrich von Friccius-Schilden ersetzt.

Das Herrenhaus steht nicht am Platz der alten Burg, sondern auf dem Gelände der ehemaligen Vorburg. Die Burg befand sich im Süden des Herrenhauses. Hier hat sich teilweise der alte Ringwall zwischen zwei Wassergräben erhalten. In der Mitte der ehemaligen Burganlage befindet sich ein Mausoleum für den Kammerherrn von Oppen-Schilden aus dem Jahre 1884. Der Zentralbau ist über einem Kreuz entwickelt. Sein Eingang wurde als ein Portikus mit vier ionischen Säulen gestaltet. Die Mitte wird von einer Kuppel überwölbt.

Das Herrenhaus selbst, heute zumeist als Schloss bezeichnet, ist im Stil der Landhäuser der Elbchaussee gestaltet. Der eingeschossige, weiß geschlemmte Ziegelbau über einem niedrigen Sockelgeschoss mit Kellerfenstern ist fünfzehn Achsen breit und hat an der Eingangs- und Gartenseite jeweils einen dreiachsigen, zweigeschossigen, rustizierten Mittelrisalit mit abschlie-

ßendem flachen Dreiecksgiebel. Er ist an der Eingangsseite mit einer Bänderrustika versehen, die an der Gartenseite zur seitlichen Einfassung des Risalits diente. Auch befindet sich am Eingang ein Portal, das durch zwei ionische Säulen markiert wird. Sie tragen einen kleinen Balkon. Die Dachgauben im Walmdach sind erst um 1900 hinzugekommen. Die durch eine Eckrustika angedeuteten Seitenrisalite von einer Achse geben dem Bau seitlich Halt. Er ist nur drei Achsen tief.

Das Innere ist im Stil der französischen Petite Maison aufgeteilt mit Degagements und Appartement double. Vestibül und Saal bestimmen die Mittelachse. Das Vestibül wird von vier ionischen Vollsäulen unterteilt. Der anschließende Saal zum Garten hat eine zweifarbige Stuckmarmorverkleidung sowie eine Pilastergliederung an den Wänden. Dunkelrot marmorierte Pilaster mit weißen Kapitellen stehen vor dunkelgrauen Wänden, auf die ockerfarbene Felder aufgebracht sind, die oben von Halbkreisen mit Stuckverzierung abgeschlossen werden. An den Pilastern sind in Stuck Blumenfestons an Schleifen aufgebracht. Die Reliefsupraporten zeigen Musikinstrumente. Links des Vestibüls befindet sich ein Speisesaal mit drei Achsen. Daran schließt ein achteckiges Kabinett an.

Die Gebäude vor dem Herrenhaus wie Marstall, Dienerhaus und Kavalierhaus sind im späten 18. und im frühen 19. Jahrhundert erbaut worden. Im Norden des Herrenhauses steht die Kirche St. Gabriel. Sie wurde 1195 erstmals genannt.

Der einschiffige Backsteinbau stammt aus dem zweiten Viertel des 13. Jahrhunderts. Das Westportal kam 1883/84 hinzu. Der Chor wurde 1599 durch die von Ahlefeldtsche Gruft verlängert. An seiner Ostwand befindet sich ein großes Sandsteinepitaph für die Familie von Ahlefeldt. Es ist doppelgeschossig, in sechs Abschnitte geteilt und mit Wappen sowie Inschrifttafeln versehen. Bekrönt wird es von einer Ädikula mit einer Darstellung der Auferstehung Christi.

Das Herrenhaus ist in einem weiträumigen Park gelegen, der besichtigt werden kann. Er wurde unter Heinrich von Schilden Ende des 18. Jahrhunderts begründet und zeichnet sich durch seinen alten Baumbestand aus. So finden sich hier ein Tulpenbaum, Lachshimbeere sowie eine Gurkenmagnolie. Der Wald mit seinem alten Baumbestand ist für die weitgehend baumlosen Elbmarschen von hoher Bedeutung. Vom Deich geschützt stehen hier alte Eichen, die für diese Region überdurchschnittlich groß sind.

Im Nordosten von Haseldorf liegt der Ort Haselau, in dem ehemals eine Burg stand, die ebenfalls 1494 an Hans von Ahlefeldt gelangte. Das Rittergeschlecht der Haselau wurde 1224 erstmals erwähnt. Von 1494 bis 1732 saß hier die Familie von Ahlefeldt. Dem letzten Besitzer Bendix von Ahlefeldt gehörte auch Haseldorf. Durch eine Zerstörung des alten Herrenhauses erfolgte 1657 ein Neubau, der vermutlich auf den Grundmauern des Vorgängerbaus entstand. 1803 wurde der Neubau abgerissen. Geringe Überreste der Anlage sind jedoch noch zu sehen. Der Komplex teilte sich in eine Vorburg und eine Kernburg auf. An den Vorplatz, der fast gänzlich von Wasser umschlossen war, schloss sich ein erhöhter Burgplatz an, der von einem Wassergraben umgeben war. Heute erläutert eine Informationstafel am Graben die Geschichte von Ort und Burg. ✳

Seestermühe – Herrenhaus

1286 erwarb der Bischof von Lübeck in Seestermühe ein Haus, das 1357 in einer Sturmflut zerstört wurde. Das Grundstück, das 1379 noch als Wüstenei bezeichnet wurde, gelangte 1494 an die Familie von Ahlefeldt im Tausch gegen ihre Besitzungen in Schleswig. Hans von Ahlefeldt ließ hier als neuen Stammsitz der Familie eine Burg errichten. Nach 1681 ließ Hans Heinrich von Ahlefeldt das alte Gut zu einem modernen Herrensitz umbauen, der jedoch 1713 abbrannte.

Die genaue Erbauungszeit des heutigen Herrenhauses ist unbekannt. Es handelt sich um die ehemalige Vorburg mit dem Wirtschaftshof. Da der Garten auf die Anlage ausgerichtet wurde, muss hier bereits vor 1793 ein repräsentativer Bau gestanden haben. 1751 und 1756 suchten schwere Sturmfluten die Elbmarschen heim, die den Garten zerstörten und wohl auch die Gebäude stark in Mitleidenschaft zogen. Die Familie von Ahlefeldt verkaufte 1752 ihren Besitz in Seestermühe an den hannoverschen General Georg Ludwig Graf von Kielmannsegg. Das Gut ist noch heute im Besitz der Familie. Neben Seestermühe erwarb Kielmannsegg auch das Gut Gülzow im Lauenburgischen.

Bereits 1760/61 erfolgte ein Umbau des Gebäudes. Rückseitig kam ein Anbau mit Keller hinzu. Im 19. und 20. Jahrhundert wurde das Haus erweitert und 1904 im Garten ein Familienmausoleum in neuromanischen Formen angelegt. Die Anlage in Seestermühe umfasst zwei aneinander stoßende, von Wassergräben umgebene Plätze, den der alten Burg und den des Herrenhauses. Das alte Herrenhaus stand auf einer annähernd quadratischen Insel im Inneren der Gutsanlage.

Das Herrenhaus ist ein schlichter klassizistischer, eingeschossiger Bau mit einem Krüppelwalmdach. Zum Garten hin ist er neun Achsen breit und bildet einen zweigeschossigen Risalit von fünf Achsen Breite aus. Eine kleine Freitreppe führt zur Mitteltür und einem Balkon. Im Giebel des Risalits ist das Wappen der Familie Kiehmannsegg angebracht. Der Bau ist verputzt, weiß gestrichen und verfügt über hochrechteckige Fenster.

Von dem alten Garten hinter dem Herrenhaus, der ehemals eine der bedeutendsten Barockanlagen in Holstein war, haben sich die alten Grundstrukturen erhalten. Aus der Zeit, als Hans Heinrich von Ahlefeldt in den Jahren von 1700 bis 1710 den Garten anlegen ließ, steht noch die vierreihige, 680 Meter lange Lindenallee. Am Ende der Allee befindet sich als Point de vue ein nach 1760 erbauter Pavillon, das so genannte Teehaus. Das geschweifte Dach hat eine rote Ziegeldeckung. Mittels Lisenen und schmalen Fenstern gewinnt der Bau eine gewisse Leichtigkeit. Das Portal an der Vorderfront ist von schmalen Pilastern gerahmt. Ehemals befanden sich beiderseits der Allee weitere barocke Gartenbereiche mit Lustwäldern und Heckenquartieren. Neben den üblichen Teppichbeeten und einem Küchengarten gab es auch Obstbaumquartiere und eine Orangerie. ✳

Adresse
Schulstraße
25371 Seestermühe

Nutzung
im Besitz der Gemeinde

❋ Alveslohe – Herrenhaus Kaden

Bereits im 13. Jahrhundert wird ein Knappe Hinrich von Alvesloe erwähnt, im 14. Jahrhundert die Familie von Alvesloe, genannt von Kaden. Es folgt die Familie von Reventlow, die den Besitz in Kaden im 15. Jahrhundert verpfändete. 1494 gelangte Kaden zusammen mit den Elbmarschen in einem Gebietstausch mit dem dänischen König an Bendix von Ahlefeldt.

Das Haus in Kaden diente der Familie Ahlefeldt bevorzugt als Witwensitz. 1754 gelangte das Gut an Heinrich Andreas von Schilden, nachdem er bereits 1731 Haseldorf von der Familie von Ahlefeldt erworben hatte. Er ließ 1755 ein neues Herrenhaus erbauen, das verändert noch heute erhalten ist. Dieses erwarb 1760 Johann Daniel Baur, Reeder und Bürgermeister aus Hamburg.

Seine jüngste Tochter erbte Kaden und von ihr ging es 1808 an die Familie von Benzon über und von dieser 1860 an Graf Georg von Platen Hallermund. Er ließ das bestehende Herrenhaus umbauen. Der eingeschossige Bau wurde 1864 um ein Geschoss erhöht und der bislang dreiachsige Risalit auf fünf Achsen verbreitert. In dieser Form steht es noch heute.

Ehemals war der ganze Hof von Wasser umgeben. Im Norden und Osten fließt die Pinnau vorbei, im Westen und Süden befanden sich Gräben, die 1927 und 1968 zugeschüttet wurden. Das außen verputzte und zurückhaltend neugotisch überformte Haupthaus besitzt an den Ecken Strebepfeiler sowie ein Zinnen-portal. Der heute siebenachsige Bau erhebt sich über einem sehr hohen Kellergeschoss mit einem zweigeschossigen, fünfachsigen Mittelrisalit. Während die Fenster im Erdgeschoss über einen Segmentbogenabschluss verfügen, sind die Stürze der bedeutend niedrigeren Fenster im Obergeschoss gerade. Das Herrenhaus ist vier Achsen tief. An der Gartenseite ist dem Gebäude eine Terrasse mit Freitreppe vorgelegt.

Adresse
Kadener Straße 9
25486 Alveslohe

Nutzung
Golf und Land Club
www.gutkaden.de

Im Inneren hat sich die ursprüngliche Raumaufteilung mit Vestibül und Gartensaal sowie begleitenden Kabinetten an den Seiten erhalten. Der prächtige Gartensaal reichte ehemals über zwei Etagen, erst später wurde eine Decke eingezogen. In mehreren Räumen sind auch noch die Türen und der Stuck an den Decken und in den Ofennischen aus der Erbauungszeit von 1755 vorhanden.

Gut Kaden wird heute vom Gut Kaden Golf und Land Club genutzt und ist nicht zu besichtigen. Seit 1992 finden hier Turniere der European Tour statt. ❋

Das Land südlich der Elbe

Auch der Bereich südlich der Elbe hat in historischer Zeit zum Interessengebiet Hamburgs gehört. Doch standen die Aktionen der Hansestadt fast ausschließlich im Zusammenhang mit der Schifffahrt auf der Elbe. Handelsinteressen über Land wie im Nordosten in Richtung Lübeck gab es im Süden nicht. Hier haben vor allem zwei Territorien die Geschichte bestimmt: das Erzbistum Bremen im Südwesten und das Herzogtum Braunschweig mit der kurzfristigen Residenz Harburg (1527 bis 1642) im Südosten. Der Raum südlich der Elbe hat daher historisch gesehen nur wenig mit Hamburg zu tun.

Ursprünglich gehörte das Land dem Erzbischof von Bremen bzw. dem Herzog von Sachsen. Das Bremer Erzbistum war bereits 788 gegründet worden. Das Land an der Unterelbe bildete die Grafschaft Stade. Um etwa 944 übernahmen die Udonen diese Grafschaft als erbliches Lehen. Ihr Sitz war Harsefeld. Hier wurde 1007 ein Kloster gegründet. Noch vor 1016 verlegten die Grafen ihren Sitz nach Stade. Der Letzte des Geschlechts wurde 1148 Bremer Erzbischof und trat die Grafschaft an das Erzbistum ab. Der Herzog von Sachsen hingegen, Heinrich der Löwe, beanspruchte die Grafschaft für sich und zwang den letzten Stader Grafen 1145, ihm dieses Erbe abzutreten. Nach dem Sturz Heinrichs des Löwen 1181 wurde die Grafschaft Bremen zugesprochen, doch entbrannte um das Erbe ein Streit, der erst 1235/36 beigelegt werden konnte. Bis auf einige Gebiete im Osten wie etwa Moisburg fiel Bremen das Erbe zu. In der Folge entstanden einige Burgen, um das Erbe zu sichern. Vor allem Erzbischof Giselbert von Bremen ließ viele Befestigungen am Geestrand errichten. 1255 entstand die Horneburg, 1285 Buxtehude, Brobergen und die Kranenburg.

Bestandteil des Stader Erbes war auch das Alte Land. Es war ehemals nahezu menschenleer gewesen. Im 12. Jahrhundert hatte jedoch die Marschkolonisation eingesetzt. Sie war von den Stader Grafen initiiert worden und wurde von den Bremer Erzbischöfen fortgesetzt. Die Marschländer waren weitgehend eigenständig und hatten eine ausgedehnte Selbstverwaltung. Der Adel spielte hier nur eine untergeordnete Rolle, die Bauern waren weitgehend frei. An der Spitze des Alten Landes standen gewählte Hauptleute. Die Gerichtsbarkeit war unabhängig. Als Vertreter des Erzbischofs gab es einen eingesetzten Gräfen, der dem einheimischen Adel oder Bauernstand entstammen musste. Erst im 16. Jahrhundert endete diese weitgehende Autonomie. Sonderrechte und eigene Organe blieben jedoch bis in das 19. Jahrhundert bestehen.

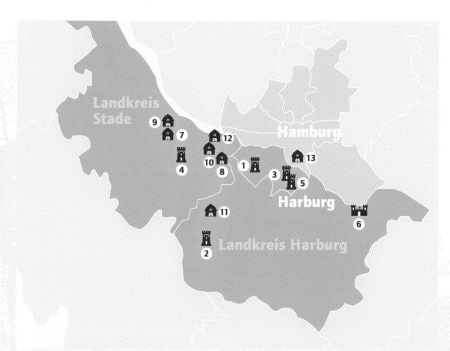

Die Nachkommen Heinrichs des Löwen konnten nur noch über ihre Eigengüter im ehemaligen Herzogtum Sachsen verfügen. Hieraus entstand das Herzogtum Braunschweig, das 1235 einem Enkel Heinrichs des Löwen – Otto dem Kind – als Herzogtum verliehen wurde. Durch Landesteilung entstand 1269 das Herzogtum Braunschweig-Lüneburg. Bis 1705 blieb es bestehen und prägte die Geschichte südlich der Elbe.

Als die ältere Lüneburger Linie 1369 ausstarb, kam es zu einem Erbfolgestreit zwischen den Herzögen von Braunschweig und den Kurfürsten von Sachsen, die in Wittenberg residierten. In diesem Machtvakuum begann die Stadt Hamburg, im Stromspaltungsgebiet der Elbe strategisch wichtige Positionen zu erwerben. Hier befand sich die 1253 an alter Stelle neu erbaute Horeburg, die den Verkehr auf der Süderelbe, dem ursprünglichen Hauptstrom, kontrollierte. Die Horeburg war ein

Hindernis, da viele Kaufleute das Hamburger Stapelrecht umgingen, indem sie die Süderelbe befuhren. Mittels einer geschickten Territorialpolitik konnte die Stadt die Horeburg neutralisieren. Dazu wurden verschiedene Inseln und Landstriche im Stromspaltungsgebiet zwischen Harburg und Hamburg erworben, so bereits 1359 Moorwerder und 1367 Georgswerder. Es folgten 1375 das Glindesmoor mittels eines Strohmanns und 1395 Ochsenwerder. Die Flussläufe, die nach Harburg führten, konnten nun von Hamburger Gebiet aus beherrscht werden. 1390 wurde im Glindesmoor ein festes Haus errichtet. Es handelte sich dabei um eine Turmhügelburg mit Graben. Vermutlich stand zunächst nur ein hölzerner Wohnturm, der am Fuß mit einer Palisade

versehen und von einer umzäunten Vorburg umgeben war. Schon 1396 klagten die Herzöge von Braunschweig-Lüneburg gegen den Hamburger Rat. Sie forderten den Abbruch der Moorburg sowie eine Entschädigung in Höhe von 10.000 Mark.

Die Klage hatte keinen Erfolg. Vielmehr verbündete sich Hamburg in der folgenden Fehde der Stadt Lüneburg gegen die Herzöge mit der Stadt, besetzte die Horeburg, zerstörte sie und besetzte zudem die gesamte Vogtei Harburg. Geldnot zwang die Herzöge schließlich zur Abgabe von Gebietsteilen an Hamburg 1396 und 1397. Schließlich gelangte Hamburg in den Pfandbesitz der Vogtei Harburg. Schon 1396 wurde die Burg Harburg wieder aufgebaut. Kurzfristig erwarb Hamburg so den gesamten Oberlauf der Süderelbe. 1417 gingen die Besitzungen jedoch an die Herzöge zurück. Die Pfandherrschaft über die Horeburg fiel an die Stadt Lüneburg, die sie bis 1517 halten konnte. Das Glindesmoor mit der Burg blieb jedoch hamburgisch und wurde seit 1450 nach der Befestigung Moorburg genannt. Erst 1453 wurde die Fehde beigelegt. Eine endgültige Einigung erfolgte erst 1591. Nachdem die Herzöge die Rechte der Hamburger hatten anerkennen müssen, verlor die Moorburg ihre Funktion. Von ihr haben sich keine Überreste erhalten.

Die Horeburg war von 1527 bis 1642 Residenzschloss der Herzöge von Harburg. Aus dieser Zeit haben sich jedoch keine Bauten erhalten. Bauten der Herzöge von Braunschweig-Lüneburg und Kurfürsten von Hannover findet man noch in Hamburg-Wilhelmsburg, Moisburg und Winsen an der Luhe – zwei Amtshäuser und ein Schloss.

Im Zuge der Reformation wurden im Erzbistum Bremen lutherische Erzbischöfe gewählt. Im Westfälischen Frieden 1648, der den Dreißigjährigen Krieg beendete, wurde das säkularisierte Erzbistum Schweden zugesprochen. Als Zentralort bestimmten die Schweden Stade. An der Geest und im Alten Land entstanden nochmals einige Adelssitze. 1712 kam die Region an Dänemark und 1715 an das Kurfürstentum Hannover, das in Personalunion mit dem Königreich Großbritannien von London aus regiert wurde.

Hamburg-Harburg –
Horeburg, ehemals Residenzschloss

Dass es in Hamburg eine fürstliche Residenz gab, ist nur wenigen bekannt. Das Schloss war aus einer Burg hervorgegangen. Die Reste dieser Anlage sind noch heute in der Bauhofstraße 8 erhalten. Harburg hat seinen Namen nach der Horeburg erhalten. Wann die Horeburg errichtet wurde, ist urkundlich nicht erfasst. Archäologische Untersuchungen weisen auf das späte 10. oder frühe 11. Jahrhundert hin. In einer zwischen 1133 und 1137 ausgestellten Urkunde findet sich die älteste Nennung der Horeburg, was Sumpfburg bedeutet. Nach 1144 geriet Harburg in die Auseinandersetzungen um das Erbe der Grafschaft Stade zwischen dem Bremer Erzbischof und dem Herzog von Sachsen. Die Horeburg wechselte bis 1236 zehnmal den Besitzer und wurde mehrfach zerstört. An den Streitigkeiten waren zeitweilig auch Schaumburger Grafen und die dänischen Könige beteiligt. Als Sieger aus dem Streit gingen die Nachfolger der Herzöge von Sachsen, die Herzöge von Braunschweig-Lüneburg, hervor.

Die Burg stand auf einer Sandinsel in der Elbmarsch der Süderelbe und kontrollierte die Schifffahrt. Das Umfeld bestand aus unpassierbaren Sümpfen, die von zahlreichen Wasserläufen durchzogen waren. Die archäologischen Funde lassen für diese Zeit die Rekonstruktion einer kleinen Turmhügelburg zu. Im Randbereich der Anlage wurden Überreste zweier niedergebrannter Palisadenbefestigungen erfasst, die an der inneren Seite eines Burggrabens standen. Dieser umgab ein Areal von ungefähr 66 Metern Durchmesser.

Die 1236 zerstörte Burg wurde 1253 für Herzog Albrecht von Braunschweig wieder aufgebaut und Sitz einer Vogtei. Im 13. und 14. Jahrhundert entwickelte sich vor der Burg eine Ansiedlung, die 1297 das Stadtrecht erhielt. In der Auseinandersetzung der braunschweig-lüneburgischen Herzöge mit den Städten Hamburg und Lüneburg wurde die Horeburg 1396 zerstört und unter der 1397 anschließenden Pfandherrschaft der Stadt Hamburg wiederhergestellt. Es entstand das so genannte „Hohe Haus", das sich in Resten bis heute erhalten hat. 1403 wechselte die Pfandherrschaft auf die Stadt Lüneburg, die Harburg bis 1517 halten konnte. Die Lüneburger führten umfangreiche Erweiterungsarbeiten an der Burg durch. Als Verwalter setzte die Stadt anfangs Adlige ein, die jedoch häufig eigene Interessen verfolgten. Später waren es daher Lüneburger Ratsherren.

Die Horeburg bestand im 15. Jahrhundert aus einer Vorburg und einer Hauptburg. Diese war mit zwei Gräben, einem dazwischen liegenden Wall und einer Mauer, die 1473 errichtet wurde, befestigt. Im Burgbezirk gab es zudem Steingebäude sowie einen Turm. Hinzu kam eine Reihe von Wirtschaftsgebäuden wie Backhaus, Brauhaus und Stallungen. 1517 lösten die Herzöge von Braunschweig-Lüneburg Harburg ein.

So fand die städtische Herrschaft über Vogtei und Burg ein Ende. Von 1527 bis 1642 war Harburg Residenz einer Nebenlinie der Herzöge. Die Harburger Herzöge überführten den bislang runden Wallgraben in eine rechteckige Form und ließen das bestehende rechteckige Wohngebäude 1527/28 unter Herzog Otto I. umbauen und später erweitern. 1560 errichtete Herzog Otto II. vor der Burg ein Lusthaus für Gartenfeste. 1577 bis 1587 kam ein neuer Schlossflügel mit einer Kapelle hinzu – der so genannte Ostbau. Unter dem letzten Harburger Herzog, Johann Wilhelm, entstand 1620/21 ein dritter Flügel. In der städtischen Dreifaltigkeitskirche richteten sich die Herzöge eine Gruft ein.

Mit dem Absterben der Harburger Line 1642 fiel Harburg zurück an das Haus Braunschweig-Lüneburg. Die neuen Landesherren bauten die Schlossinsel ab 1644 zur Festung aus. Von den beiden bestehenden Gräben wurde der innere verschüttet und die Schlossinsel zu einer regelmäßigen fünfeckigen Festung mit Eckbastionen umgewandelt. Sie wurde bis 1660 vollendet. Der Festung war ein sternförmiger Außenwall vorgelagert. Unter Herzog Georg Wilhelm kam von 1689 bis 1691 ein neues Gebäude, das so genannte Ablagerhaus, hinzu. Im Siebenjährigen Krieg konnte die inzwischen heruntergekommene Festung 1757 nicht gehalten werden. Die Anlage trug schwere Beschädigungen davon und wurde in vereinfachter, schmuckloser Form

wiederhergestellt. Unter den Franzosen diente Harburg 1813/14 noch als Fort. 1813 brannte der Ostflügel mit Schlosskapelle nieder.

Nach dem Abzug der Franzosen zog die Amtsverwaltung in das Schloss. Bis 1820 kam es zu größeren Umbauten am Haupthaus. Später übernahm die Harburger Hafenwirtschaft die Schlossinsel. Von 1845 bis 1849 erfolgte durch den Staat der Umbau der Festungsgräben zu einem Hafen.

1900 erwarb Reinhold Holtz das Schloss und ließ das alte Hauptgebäude zu einem Arbeiterwohnflügel umgestalten. Das frühneuzeitliche Ablagerhaus wurde zum Wohnhaus für Holtz und seine Familie hergerichtet. Erst nach 1945 wurde die Wohnnutzung aufgegeben und das ehemalige Ablagerhaus 1972 abgerissen. Das von der Stadt Hamburg um 1400 errichtete Hauptgebäude blieb erhalten. Bis in den dritten Stock hinauf handelt es sich noch heute um die mittelalterlichen Mauern, auch wenn die Wände ausgedünnt wurden. Die Kellergewölbe zeigen die für Hamburger Burgen charakteristischen breiten Rippen. Das ehemalige „Hohe Haus" steht seit 1988 unter Denkmalschutz. Eine Besichtigung ist nicht möglich.

Zukünftig entstehen auf der Harburger Schlossinsel ein Park, Gewerbeflächen und Wohnquartiere.

Adresse
Bauhofstraße 8
21079 Hamburg

Nutzung
Privatbesitz

Hamburg-Wilhelmsburg – Amtshaus und Kirche

Die heutige Elbinsel Wilhelmsburg ist erst in der Frühen Neuzeit durch Zusammenlegung mehrerer vormals eigenständiger Inseln entstanden. Im Mittelalter hatten die Schacken im Süden und die Groten im Norden ihren Einflussbereich. Die Burg der Groten lag in Rotehaus. 1870 gab es dort noch eine hohe Wurt mit Backsteinen und Dachziegeln. Die Anlage ist aufgrund eines Teilungsvertrags von 1343 zwischen dem Ritter Werner Grote und seinen Neffen Gebhard, Gottfried und Otto bekannt.

1361 bis 1367 erwarben die Groten von den Schacken die Insel Stillhorn. Trotz des im Barbarossafreibrief enthaltenen Verbots, Burgen zu errichten, hinderte die Stadt Hamburg die Groten nicht daran, sich eine neue Burg zu bauen.

Um 1370 verlegte Otto IV. von Grote seinen Sitz nach Stillhorn. Dieser erstand auf den Resten eines sich etwa drei Meter über das Umfeld erhebenden alten Dünenzugs. Sein Vetter und Erbe Otto V. baute neben der Burg eine Kirche. 1598 befand sich diese Burg in einem verfallenen Zustand. Daher entstand kurz vor 1641 etwa 100 Meter weiter im Norden ein Neubau, der über einen Turm und einen großen Saal verfügte und mit drei Giebeln geschmückt war. 1695 erhielt das Gebäude ein neues Dach. Bereits 1672 hatte Otto von Grote seine Herrschaft an den Landesherrn, Herzog Georg Wilhelm von Braunschweig-Lüneburg, veräußert.

Der Herzog fasste die einzelnen Inseln durch neue Deiche zu einer großen Insel zusammen, die nach ihm den Namen Wilhelmsburg erhielt. Hier schuf er für seine nicht standesgemäße Frau Eleonore d'Olbreuse, die er bereits zuvor zur Freifrau von Harburg erhoben hatte, die Herrschaft Wilhelmsburg und erlangte vom Kaiser 1674 die Anerkennung seiner Frau als Reichsgräfin von Wilhelmsburg. In der Kirche wurde ein Herrschaftsstand errichtet, der noch heute vorhanden ist.

Später entwickelte sich aus Wilhelmsburg ein Amt. Für dieses Amt wurde das alte Schloss der Groten niedergelegt und an seiner Stelle 1742 ein neues Amtshaus erbaut, das heute noch erhalten ist. 1925 wurde Wilhelmsburg Stadt, gelangte 1927 zu Harburg und 1938 an Hamburg.

Das alte Amtshaus in der Kirchdorfer Straße 163 beherbergt heute das Museum der Elbinsel Wilhelmsburg. Es liegt wie die Kirche auf einem Dünenzug. Es handelt sich um einen Backsteinbau mit Walmdach und verputzter Eingangsseite von fünf Achsen. Das Gebäude wurde im typischen Stil hannoverscher Amtshäuser errichtet wie etwa jenes im nahe gelegenen Moisburg. Vom alten Schloss der Groten hat sich der Gewölbekeller erhalten. Er kann zusammen mit dem Museum besichtigt werden. Auch der Burggraben ist noch in Resten vorhanden.

Adresse
Kirchdorfer Straße 163
21109 Hamburg

Nutzung
Museum
www.museum-
wilhelmsburg.de

In der Kirchdorfer Straße 170 steht die 1612 erbaute Wilhelmsburger Kirche. Sie ist 1894 erneuert und erweitert worden, indem der alte Fachwerksaal mit einer Backsteinfassade ummantelt wurde.

Im Inneren zeigt nur noch die Nordseite des Langhauses den Originalzustand. Die Empore stammt aus der Erbauungszeit. Hier befindet sich auch der Herrschaftsstand aus der Zeit Georg Wilhelms von Braunschweig-Lüneburg mit seinem Porträt.

Winsen an der Luhe – Schloss

Im Südosten von Hamburg befindet sich das alte welfische Schloss Winsen. Wahrscheinlich hat an dieser Stelle bereits 1299 eine landesherrliche Burg gestanden, als Herzog Otto der Strenge von Braunschweig-Lüneburg hier eine Urkunde ausstellte. 1371 erfolgte nach der Zerstörung der landesherrlichen Burg in Lüneburg die Verlegung der Verwaltung nach Winsen. Hier war bereits seit dem 14. Jahrhundert der Sitz einer Obervogtei im nördlichen Teil des Herzogtums Braunschweig-Lüneburg. Teilweise war der Besitz an die Stadt Lüneburg verpfändet, die versuchte, ein geschlossenes Herrschaftsgebiet bis zur Elbe aufzubauen.

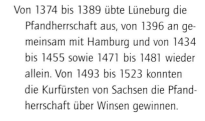

Von 1374 bis 1389 übte Lüneburg die Pfandherrschaft aus, von 1396 an gemeinsam mit Hamburg und von 1434 bis 1455 sowie 1471 bis 1481 wieder allein. Von 1493 bis 1523 konnten die Kurfürsten von Sachsen die Pfandherrschaft über Winsen gewinnen.

Von 1592 bis 1617 diente das Schloss als Witwensitz der Herzogin Dorothea von Braunschweig-Lüneburg, die mit Herzog Wilhelm d. J. verheiratet gewesen war. Sie ließ das Schloss umbauen. Aus dieser Zeit stammen der Portalschmuck mit seinen Wappen und die Schlosskapelle im ehemaligen Torturm. Der Lustgarten ist in den heute vorhandenen Gartenanlagen aufgegangen. Die Grundmauern des Schlosses stammen aus älterer Zeit, wahrscheinlich aus dem 14. Jahrhundert.

Zu Beginn des Dreißigjährigen Krieges wurden die Befestigungen des Schlosses verstärkt. Es konnte 1627 erfolgreich gegen dänische Truppen verteidigt werden. 1628 bezog der kaiserliche General Tilly im Schloss sein Quartier. Im frühen 18. Jahrhundert erfolgte der Abriss des Südwestturms und des Westflügels sowie die Errichtung der Kopfbauten an den Enden der Seitenflügel. Um 1900 wurde der Treppenturm am Nordflügel niedergelegt und 1960 das barocke Treppenhaus im Schloss abgebrochen.

Das Schloss, eine dreigeschossige Dreiflügelanlage aus rotem Backstein, befindet sich am Schlossplatz 4 hinter den Gräben der ursprünglichen Wasserburg, die teilweise noch vorhanden sind. Im Gegensatz zur

Feldseite zeigt der Hof Fachwerkwände. Die offene Galerie am Nordflügel stammt von 1554. Der Westflügel, der den Hof ehemals schloss, ist heute nicht mehr vorhanden. Die Keller des Ost- und Südflügels stammen noch aus dem 14. Jahrhundert. Auch ein Deckenbalken im Turm wird auf 1382 datiert. Im Erdgeschoss befindet sich eine zweijochige Schlosskapelle mit einem kleinen quadratischen Chor. Die Kapelle wurde bereits 1585 erstmals erwähnt. Sie diente damals als Abstell- und Lagerraum.

Erst Herzogin Dorothea ließ den ehemals eingeschossigen Raum erhöhen und ein Rippengewölbe einbauen. Die Gewölbe mit Backsteinrippen erhielten um 1600 eine Ausmalung mit Ornamentbändern und geometrischen Mustern, Pflanzen, Engeln und Tugenddarstellungen, die Bezüge zwischen dem Alten und dem Neuen Testament verbildlichen. Hinzu kommen deutsche und lateinische Inschriften. Der quadratische Chor im Osten verfügt über große Fenster. 1772 wurde die Kapelle zur Registratur umgenutzt. Die Empore und Holzvertäfelung stammen aus dem späten 19. Jahrhundert. Von 1995 bis 2006 wurde das Schloss saniert. Seit 2008 ist ein kleines Museum im Schlossturm eingerichtet.

Im Schloss ist heute das Amtsgericht untergebracht. Das Haus kann zu den Öffnungszeiten teilweise besucht werden. Im Schloss sind Vitrinen mit Funden aus dem Haus und der Kapelle ausgestellt. Das Gebäude am Schlossplatz 11 ist ein alter Marstall. Er wurde 1599 unter Herzogin Dorothea als Kornspeicher erbaut. Heute ist in dem zweigeschossigen, lang gestreckten Fachwerkbau mit Gauben ein Museum untergebracht.

Adresse

Schlossplatz 4
21423 Winsen an der Luhe

Nutzung

Amtsgericht, Museum
www.hum-winsen.de

Moisburg – Amtshaus

Moisburg gehörte ehemals zur Grafschaft Stade und damit zu jenem Bereich, der 1236 an die Braunschweiger Herzöge und nicht an den Erzbischof von Bremen gelangte. 1242 wurde das Dorf erstmals genannt. Wann die Anlage gebaut wurde, ist jedoch nicht bekannt. Die älteste Nachricht stammt von 1322. Danach ist das „castrum mosedeburg" unter Herzog Otto dem Strengen von Braunschweig-Lüneburg zwischen 1312 und 1322 errichtet worden. Der alte Mittelpunkt der Region war jedoch Hollenstedt. Das Landgericht wurde erst im 17. Jahrhundert nach Moisburg verlegt.

Das Amt Moisburg wurde im späten Mittelalter oft verpfändet, meist an die Stadt Lüneburg, die es bis 1518 halten konnte. Da von Moisburg aus die Straße von Hamburg nach Bremen überwacht werden konnte, hatte die Anlage für die Stadt Lüneburg eine gewisse Bedeutung, konnte doch so das Lüneburger Stapelrecht gesichert werden. 1446 lagen 53 städtische Söldner auf der Moisburg. Von 1518 bis 1549 war Moisburg an die Herren von Oppenhusen verpfändet. Seit 1560 war Moisburg Amtssitz und wurde 1568 mit dem Herzogtum Harburg vereint, das 1527 für Otto I. begründet worden war. Von 1603 bis zu ihrem Tod 1616 wohnte die Witwe des Harburger Herzogs Otto II. auf dem Moisburger Schloss. Nach ihrem

Tod erfolgte 1618/19 der Neubau des Nordflügels. 1711 wurde er zusammen mit dem gesamten Schloss durch die offene Dreiflügelanlage eines modernen Amtshausbaus ersetzt. Das Amt bestand bis 1859. Das Gebäude ging 1928 an den Samariterbund, der im Dritten Reich aufgelöst wurde. Nach 1945 kam das Amtshaus in den Besitz des Landkreises Harburg, der es 1955 an die Gemeinde Moisburg weitergab. Nachdem bereits 1937 der linke Seitenflügel abgetragen worden war, folgte 1954 wegen Baufälligkeit auch der Abriss des rechten Flügels. Das Haupthaus wurde ab 1979 saniert und 1983 der Öffentlichkeit übergeben.

So ist heute nur noch der Mittelbau der ehemaligen Dreiflügelanlage des Amthauses erhalten. Das Haus liegt in der Esteniederung. Vor dem zweigeschossigen Hauptgebäude erstreckten sich ehemals beiderseits des Vorplatzes eingeschossige Seitenflügel. Sie waren wie der Hauptbau Fachwerkbauten mit Walmdächern. Das querrechteckige, unverputzte Hauptgebäude erhebt sich auf einem unverputzten Mauersockel. Die Fenster sind an der Eingangsseite zu Zweiergruppen zusammengefasst. Der repräsentative Bau stellt ein typisches Beispiel für die braunschweig-lüneburgischen Amtshäuser des frühen 18. Jahrhunderts dar.

Adresse
Auf dem Damm 5
21647 Moisburg

Nutzung
Verwaltung, Bibliothek

Ehemals befanden sich in den eingeschossigen Seitenflügeln Wirtschaftsbereiche wie Stallungen, Brauhaus oder Personalwohnungen. Im Hauptbau lagen die Räume des Amtmanns und der Verwaltung sowie Fremdenzimmer. Heute ist das Innere weitgehend neu strukturiert. Der hohe, mit einer Flachtonne gewölbte Keller weist die älteste Bausubstanz auf. Sie geht teilweise noch auf das 15. Jahrhundert zurück. Das Mauerwerk besteht zum Teil aus Feldsteinen und Ziegeln im Klosterformat und stammt noch vom Vorgängerbau.

Das Amtshaus beherbergt heute unter anderem das Büro des Bürgermeisters und eine öffentliche Bibliothek. Ehemals gab es an seiner Rückseite einen orthogonal gegliederten Garten, dessen Hauptachse auf die Mitte des Gebäudes zuführte. Gegenüber des Amtshauses steht noch die Amtsmühle. Sie wurde 1379 erstmals urkundlich erwähnt und präsentiert sich heute weitgehend in der äußeren Erscheinung von 1723. Bis in die Mitte des 19. Jahrhunderts mahlten die Bauern ihr Korn in der Mühle. Heute ist in dem Bau ein Mühlenmuseum eingerichtet.

Hamburg-Rönneburg – Burgruine

Südlich und östlich von Harburg stehen einige Wallanlagen, zu denen auch die in Rönneburg gehört. Es gibt leider keine historischen Nachrichten über die Anlage. Da seit dem 13. Jahrhundert für den Raum Harburg eine gute historische Quellenlage gilt, ist anzunehmen, dass die Rönneburg schon damals ihre Funktion eingebüßt hatte. Das lassen auch mittelalterliche Funde (Scherben) vermuten, die in das 10. und 11. Jahrhundert datiert werden. Historisch wird der Ort Runneborge 1233 erstmals erwähnt. Es gibt jedoch keinen Hinweis auf die Funktion einer Burg. In späterer Zeit wurde von den umliegenden Dörfern fortdauernd Sand vom Burgberg abgefahren, so dass er bis 1936 vor allem von der Westseite her immer kleiner wurde. Dann erst erfolgte die Unterschutzstellung der Anlage. Die ehemalige Vorburg ist zuvor weitgehend vernichtet worden.

Die Topographie von Rönneburg wird durch einen Höhenrücken bestimmt, der am Rand des Elbtals bis auf 57,90 Meter ansteigt. An seinem Ostrand erhebt sich 45,50 Meter steil aufragend der Burgberg. Auf seiner künstlich abgeplatteten Kuppe von etwa 80 auf 34 Metern befinden sich die erhaltenen Reste einer eindrucksvollen Ringwallanlage. Sie war ehemals im Norden und Osten von wasserreichen Sümpfen umgeben, die einen natürlichen Schutz boten. Der Zugang zur Burg erfolgte von Nordwesten. An den Schmalseiten im Westen und Osten gewährte ein in den Hang eingegrabener Trockengraben mit vorgelagertem Wall weiteren Schutz. Über die ehemalige Innenbebauung ist nichts bekannt. Die Burg hatte Ähnlichkeiten mit der Anlage auf dem Falkenberg.

Adresse

Küstersweg, Burggraben,
Am Burgberg
21079 Hamburg

Nutzung

Burgruine

Hamburg-Neugraben-Fischbek – Burgruine Falkenberg

Die Burg auf dem Falkenberg ist eine der wenigen Höhenburgen Hamburgs. Auch zu dieser Burg existieren keine historischen Nachrichten. Daher ist anzunehmen, dass auch die Burg auf dem Falkenberg wie die Rönneburg ihre Funktion vor dem 13. Jahrhundert verloren hat. Die heutigen Dörfer in der Nähe stammen aus dem 16. Jahrhundert. Es gibt verschiedene Umstände, die zum Bau der Burg geführt haben könnten. Wäre die Burg im 9. Jahrhundert entstanden, könnte sie zum Schutz vor den Wikingern erbaut worden sein. Eine Errichtung unter den Stader Grafen hätte die Grenzsicherung zur Folge gehabt. Auch im Zuge der Auseinandersetzungen um das Stader Erbe ist eine Gründung der Burg denkbar. Eine Legende besagt, dass auf dem Berg Seeräuber gewohnt hätten. Klaus Störtebeker und Gödeke Michels hätten hier ihre Schätze vergraben. Schatzsucher fanden später einen Lederbeutel mit 16 Silbermünzen mit Prägungen der Jahre 1632 bis 1637. Hier hatte jemand im Dreißigjährigen Krieg versucht, seinen Besitz zu verstecken.

Adresse

Falkenbergsweg
21149 Hamburg

Nutzung

Burgruine

Die Burgruine Falkenberg befindet sich auf einem Zungenberg, einer aus der Umgebung steil aufsteigenden Kuppe. Im Profil des Berges hebt sich noch heute der Graben ab, der den Ringwall umgibt. Die 63 Meter hohe Kuppe wurde künstlich eingeebnet zu einer ovalen Fläche von 80 Metern Länge und 15 Metern Breite. Der Burgplatz fällt mit steiler Böschung zu einer Terrasse mit Trockengraben ab, die den Berg in einer Tiefe von 11 bis 16 Metern unter der Kuppe umgibt. Die Erdmassen für den Wall stammten aus dem Graben, der mit seiner Sohle 2,50 Meter unter der heutigen Wallkrone liegt. Der Nordhang des Berges wurde in zwei Terrassen zu einer Vorburg von etwa 100 Meter Länge umgestaltet. Aufgrund von Bodenverfärbungen kann man auf ehemals vorhandene Palisaden schließen. Durch ein Tor im Nordwesten gelangte man in das Innere.

Als auf dem Burggelände 1905 ein Restaurant errichtet wurde, erfolgte an einigen Stellen des Plateaus die Durchführung von Untersuchungen, die unter anderem einheimische Irdenware des 7./8. Jahrhunderts zutage brachten. An Waffen wurden eine Lanzenspitze, zwei Äxte, drei Pfeilspitzen und die Glieder einer Stachelkette gefunden. Bruchstücke von Mühlsteinen aus rheinischer Basaltlava führten zu der Vermutung, dass es sich nicht um eine Fluchtburg handelte, sondern um einen dauernd besiedelten Platz mit mindestens drei Gebäuden und Herdstelle. Die Funde lassen eine Nutzung vom 9. bis zum 13. Jahrhundert vermuten.

Hollenstedt – Burgruine

Im Gegensatz zu den Burgruinen in Rönneburg und auf dem Falkenberg gibt es über die historischen Umstände, die zur Gründung der Burg in Hollenstedt führten, Quellen. 804 weilte Karl der Große im Sommerquartier „in loco, qui dicitur holunstedi". Mit diesem Ort wird der Burgwall von Hollenstedt in Verbindung gebracht. Von hier aus unterwarf Karl der Große endgültig die sächsische Bevölkerung beiderseits der Niederelbe. Auch kamen einige Obodritenfürsten nach Hollenstedt, die Karl zum Schlichter eines internen Streits beriefen. Nach der Beschaffenheit des Walls zu schließen, waren die Baumeister Slawen. Dennoch war Hollenstedt keine slawische Wallburg südlich der Elbe. Die Burg stammte aus dem frühen 9. Jahrhundert und wurde in einer Zeit angelegt, als ein Bündnis zwischen den Franken und den Obodriten bestand. Die Burg hatte bis in das 12. Jahrhundert Bestand und wurde schließlich durch ein Feuer zerstört.

Als 1968 die Nordhälfte der Burg zur Anlage von Fischteichen abgetragen wurde, begannen archäologische Untersuchungen und erste Maßnahmen zur Rettung der Burg. Vieles war aber bereits unwiederbringlich verloren. 1970 kaufte die Stadt Hamburg das Gelände der Burg Hollenstedt für das Helms-Museum als historisch bedeutendes Bodendenkmal.

1979 begann das Helms-Museum mit der Restaurierung der Burg in ihrer ursprünglichen Ausdehnung. Der ehemalige Graben wurde zum Teil wieder ausgehoben und der teilweise abgetragene Wall ergänzt. 1980 konnte der Burgwall der Öffentlichkeit übergeben werden.

Die annähernd kreisrunde Anlage ist von einem Wall mit Wassergraben umgeben. Der Burgplatz ist auf einer Sandzunge zwischen zwei Bachläufen gelegen, die in die Este münden. Im Osten wurde die Sandzunge für die Burg erweitert. Es ist bemerkenswert, dass hier das Gelände der Burg und nicht umgekehrt die Burg dem Gelände angepasst wurde. Der Wall umfasst eine Innenfläche von 80 Metern im Durchmesser. Einschließlich des Burggrabens, der ehemals mit Wasser gefüllt war, wurde sogar ein Durchmesser von 120 Meter erreicht. Die Grabenböschung wurde durch eine Flechtwerkkonstruktion gehalten. Die Außenseite des bis zu 4 Meter hohen Walls war mit Heideplacken verkleidet. Der Wall selbst ist eine Holz-Erde-Konstruktion und nach dem Prinzip slawischer Wälle gebaut. Oben war er mit einer zusätzlichen Holzwand versehen. An das Wallinnere lehnten sich vermutlich Gebäude an. Zusätzliche Bauten, so genannte Pfostenhäuser, befanden sich im Inneren des Bergrings. Nach außen wirkt die Anlage repräsentativ. Dem entspricht sie jedoch nicht im Inneren. Es ist daher anzunehmen, dass Karl der Große die Burg in kurzer Zeit errichten ließ, um den erwarteten dänischen König Gottfried zu beeindrucken, der jedoch nicht zum vereinbarten Treffen erschienen ist. ⚜

Adresse

21279 Hollenstedt

Nutzung

Burgruine, Museum

www.helmsmuseum.de

Horneburg – Burgstelle und Gutshof

Die Horneburg wurde erstmals 1255 erwähnt. Sie ist durch den Bremer Erzbischof Gerhard II. errichtet worden. Der
Anlass, der zur Gründung der Horneburg
führte, war vermutlich der Wiederaufbau
der Horeburg in Harburg 1253 durch den
braunschweigischen Herzog. Bei Horneburg handelte es sich um eine Gegen-
gründung zu Harburg, denn am Ende des
Kampfes um das Erbe der Grafschaft
Stade zwischen den Herzögen und dem
Erzbischof hatte man sich 1236 darauf
geeinigt, dass die erzbischöfliche Burg
Ottersberg und die herzogliche Horeburg
zerstört bleiben.

Das moorige Gelände eignete sich sehr gut
zur Gründung einer Burg. Auch konnten
von dieser verkehrsgünstigen Stelle die
Lüheschifffahrt und eine Furt der wichtigen Straße von Harburg nach Stade, die
hier die Lühe querte, überwacht werden.
Die Burg wurde mit Lehnsmännern besetzt, die hier einen Zoll erhoben und die
Lehnsgüter des Klosters Harsefeld verwalteten. Sie wohnten spätestens seit dem
14. Jahrhundert nicht in der Hauptburg,
sondern in der Vorburg. Zu Beginn des
16. Jahrhunderts verlor die Burg ihre Bedeutung. Die Burgmänner verließen seit
1511 nach und nach die Burg und siedelten sich im Umfeld an. Ihre Burglehen
behielten sie jedoch. Es entstanden fünf
Horneburger Güter, von denen drei heute
noch erhalten sind (Marschdamm 4, Im
Kleinen Sande 9, Lange Straße 38).

Im Jahr 1632 wurden beim Abzug der
Schweden vor den kaiserlichen Truppen
Burg und Dorf Horneburg in Brand
gesetzt. Die Burg wurde 1645 nach der
Besetzung durch den schwedischen
Generalfeldmarschall von Köngismarck
abgerissen. Auf dem Burggelände verblieb
lediglich die Familie Düring, die ihre
Anteile des Guts bis 1945 bewohnte.

Von der Burg ist bis auf eine von zwei
Wassergräben umgebene Fläche kaum
etwas erhalten geblieben. Die Anlage
bestand aus einer annähernd kreisrunden
Hauptburg. Um diesen Kernbereich herum
legte sich die Vorburg, die ebenfalls von
einem breiten Graben umgeben war.
Heute stehen in der ehemaligen Vorburg
noch ein Herrenhaus (Marschdamm 4)
und ein Pferdestall (Marschdamm 2c).

Der ehemals eingeschossige Fachwerkbau
des Herrenhauses stammt von 1840
und wurde 1886 um ein weiteres Stockwerk erhöht und repräsentativ umgestaltet. Hierzu gehört ein dreigeschossiger
Eckturm mit Mezzanin und spitzer Haube
aus gemauertem Backstein mit Werk-
steingliederung.

Vor dem Gutshaus hat sich der alte Pferdestall des Guts erhalten. Er stammt aus
der Zeit um 1870. Zu ihm gehört eine
alte Pferdetränke sowie eine Pferde-
schwemme. Im Stallgebäude befindet
sich das Handwerksmuseum der
Gemeinde Horneburg.

Adresse
Marschdamm 2c
21640 Horneburg

Nutzung
verschwundene Burg

⚜ Agathenburg – „Schloss"

Der alte Name von Agathenburg ist Lieht, den der Ort bis 1655 trug. Seit 1199 ist das Adelsgeschlecht der Familie Lieht nachweisbar. Der Ort ist seit 1219 verbürgt. Im Dreißigjährigen Krieg gelangte das Erzbistum Bremen 1645 an Schweden und das Stader Kloster St. Marien wurde säkularisiert. Mit dem Klosterbesitz in Lieth erfolgte durch Königin Christina am 7. Februar 1649 die Belehnung des früheren Bürgermeisters von Stade, Nicolaus von Höpken, für den aus dem Besitz ein neues Gut geschaffen wurde. Höpken verkaufte das Gut jedoch an den schwedischen Landrentmeister Christopher Wyneken. Dieser setzte den unter Höpken begonnenen Ausbau fort. 1650 wurde es schließlich als Adelsgut anerkannt, mit dem entsprechende Rechte und Einkünfte verbunden waren.

Nach dem Tod von Wyneken erwarb 1652 Hans Christoph von Königsmarck, der aus der Altmark stammende Generalgouverneur des Herzogtums Bremen-Verden, das Gut. Der 1605 geborene Königsmarck war aufgrund seiner kriegerischen Erfolge 1651 in den Grafenstand erhoben worden. Er ließ von 1652 bis 1655 ein Herrenhaus bauen, das heutige „Schloss", das ihm und seiner Familie als Landsitz diente. Zu Ehren seiner Frau Agathe von Lehesten erhielten das „Schloss" und die Ortschaft Lieth 1655 den Namen Agathenburg. Seit 1660 war das „Hauß Agathenburg" Hauptwohnsitz der Königsmarcks. 1663 starb Hans Christoph von Königsmarck in Schweden.

Adresse
Hauptstraße
21684 Agathenburg

Nutzung
Museum
www.schlossagathenburg.de

Das Haus, das der Familie Königsmarck anfänglich noch als Wohn- oder Witwensitz diente, wurde fortlaufend modernisiert. Nach 1697 verfiel es jedoch zusehends. 1740 wurde der Besitz an den Staat verkauft, nachdem bereits 1712 bis 1715 mit dem Übergang des Herzogtums an Dänemark und anschließend an Hannover die grundherrlichen Rechte verloren gegangen waren.

Es entstand das Amt Stade-Agathenburg, dem das Gutshaus von 1743 bis 1859 als Amtssitz diente. Auf Grund des schlechten Zustands musste es von 1741 bis 1747 neu ausgebaut werden. Es erhielt entsprechend seiner neuen Funktion eine angepasste Raumaufteilung. Unten lag die Amtsstube, oben die Wohnung des Amtmanns. Unter dem Dachboden war der Kornboden mit einer Schrotmühle untergebracht. Auch der Gutsbetrieb wurde 1743 saniert. In diesem Zuge ent-

standen vor dem Herrenhaus zahlreiche landwirtschaftliche Gebäude. So stammt die Kornscheune nördlich der Lindenallee noch aus dieser Zeit.

1859 wurde das Amt aufgelöst und das Gut 1877 versteigert. Neuer Besitzer war eine Bietergemeinschaft von Bauern aus Agathenburg. 1878 pachtete Hans Wilkens das „Schlossgebäude" sowie das Vorwerksgelände, doch ein Brand zerstörte 1921 das Innere des Hauses. Die wertvollen Kachelöfen der Königsmarck-Zeit mit ihren Wappen gingen dabei verloren. Das Haus wurde anschließend in Anlehnung an die historische Gestaltung wieder aufgebaut. Lediglich die rechteckigen Fenster wurden verkleinert, der Treppenturm bis zum Dach geführt und ein Anbau an der Rückseite entfernt. Sogar die alte Raumaufteilung ließen die Wilkens weitgehend wiederherstellen.

1983 gelangte der Besitz an den Stader Geschichts- und Heimatverein und 1985 an den Landkreis Stade. Nach umfangreichen Sanierungsarbeiten beherbergt „Schloss" Agathenburg seit 1991 ein Museum.

Der „Schlosskomplex" wird von Süden erschlossen. Die Pflasterung des Vorplatzes zeigt die ehemalige Lage von Torhaus, Marstall und Brauerei für das Jahr 1655 an. Hinter dem „Schloss" fällt die Geest ungefähr 20 Meter steil zur Marsch ab, wodurch ein weiter Blick über die Elbe gewährt wird.

Das Hauptgebäude präsentiert sich als ein dreigeschossiger Bau aus rotem Backstein mit Walmdach. Er ist mehr als 22 Meter breit und etwa 14,50 Meter tief und steht parallel zur Geestkante. Die Fassaden von drei zu sieben Achsen sind nicht symmetrisch gegliedert. Die zumeist übereinander angeordneten Fenster haben Entlastungsbögen und werden fast durchweg von Segmentbogenblenden gerahmt. Das rundbogige Eingangsportal verfügt über diamantierte Pilaster einer dorischtoskanischen Ordnung. Die ausgesprochen schlichte Gestaltung folgt dem damals gültigen lutherischen Ideal der Zurückhaltung in der Architektur, mit dem zugleich eine Abgrenzung von der als katholisch verstandenen Formensprache des in Süddeutschland üblichen Prunks erreicht werden sollte.

Bis auf den Keller mit seinem erhaltenen Kreuzgewölbe ist im Inneren die ursprüngliche Raumaufteilung verloren. Die Gliederung der Geschosse erfolgte in drei Teilen: einen Mittelbereich mit Vorplatz und rückwärtigem Saal sowie an jeder Seite eine Folge von Wohnräumen. Die Zimmer wurden nach dem Wiederaufbau im Stil verschiedener Epochen gestaltet. Während der Wohnraum das Empire präsentierte, zeigte der anschließende Saal einen Steinfußboden mit Backsteinkamin, was eher mittelalterlich zuzuordnen ist.

Das „Schloss" ist von einem Garten umgeben, der zur Zeit der Familie von Königsmarck bedeutend größer war als heute. Ein Modell im ersten Obergeschoss des Hauses gibt diesen Zustand wieder. Am Herrenhaus befanden sich Parterres und Bosketts. Wassergräben und Wege mit Baumreihen luden zum Lustwandeln ein. Heute ist der Garten ein Landschaftspark und befindet sich hauptsächlich östlich des „Schlosses". Über zwei Terrassen führt er zu einem kleinen See mit einer Insel herab, die über eine Holzbrücke erreicht werden kann. Oberhalb des Teichs befindet sich der ehemalige Friedhof des „Schlosses" mit der Familiengrabstätte des ehemaligen Amtmanns Melchior Siegfried Hofmeister. Seit einiger Zeit befindet sich vor dem „Schloss" ein moderner, von Hecken umstandener Bauerngarten. ✳

Jork-Borstel – Werthscher Hof

Der Werthsche Hof in Borstel war von 1657 bis 1677 im Besitz des Grafen Hans Christian von Königsmarck. Der Ort selbst wurde unter seinem alten Namen Zesterfelth erstmals 1221 genannt. Schon 1257 taucht die Bezeichnung Borstel auf. Bereits damals wird hier ein Besitz erwähnt, den der Bremer Erzbischof Giselbert besaß. Er gehörte zu der aus dem Hamburger Raum stammenden Familie von Hummersbüttel.

Der heute vorhandene Bau wurde nach einem Brand des Vorgängerbaus 1632 unter Nikolas Demel erbaut. Anschließend ging er an die Familie Königsmarck und war seit 1790 im Besitz der Familie Werth.

Adresse
Große Seite 8a
21635 Jork

Nutzung
Privatbesitz

Die T-förmige Hausgruppe aus Fachwerk präsentiert sich zur Straße als zweigeschossiges, traufseitiges Wohnhaus. Das Obergeschoss und die Giebel kragen aus. Nach hinten folgt der Wirtschaftsteil, ein 30 Meter langer Zweiständerbau.

Lediglich der Nordgiebel des Herrenhauses ist noch ursprünglich. Hier haben sich drei Auskragungen mit aufwändig geschnitzten Konsolen erhalten. Die übrigen Fassaden sind heute vereinfacht und teilweise erneuert.

Im Inneren befindet sich in der Eingangshalle eine großzügig geschnitzte Wendeltreppe, die nach 1632 entstanden ist und ein durchbrochenes, reich verziertes Geländer besitzt.

Der Werthsche Hof ist der einzige erhaltene Herrensitz des Alten Landes. Er kann nicht besichtigt werden.

Jork – Harenscher Hof, „Gräfenhof"

Jork war ehemals der Hauptort des Alten Landes mit dem Schwerpunkt der Landesvertretung. Er reicht bis vor die Kolonisation des Alten Landes zurück und wurde 1221 erstmals genannt. Der Ort war Stammsitz der Ritter von Jork, die im 14. Jahrhundert im Zuge der Ostkolonisation abwanderten. Gerd von Jork wurde Großmeister des Deutschen Ordens in Preußen.

1648, wenige Jahre nach Errichtung des Werthschen Hofs in Jork-Borstel, wurde der Besitz von Matthäus von Haren erworben. Bis 1651 erfolgte die Errichtung des Gebäudes als T-Haus. Von Haren war von Königsmarck zum Gräfen des Alten Landes ernannt worden und schuf sich nun einen angemessenen Sitz. Seit 1659 tagte in Jork das höchste Gericht des Alten Landes. Hier kamen die Landstände zusammen. Dieser Bau, der um einige Meter versetzt wurde, ist heute noch erhalten. Es handelt sich um das dem „Gräfenhof" gegenüberliegende Gerichtshaus (Bürgerei 7).

Der „Gräfenhof" kam bereits 1675 an Friedrich Mysius, Gräfe des Alten Landes. Um 1780 erfolgten eingreifende Veränderungen am Hof. Die Obergeschosswände des Südflügels wurden erhöht, die Hofgiebel im Wirtschaftsteil erneuert. 1971 erwarb die Gemeinde das Haus, um hier ihr Rathaus unterzubringen. Von 1974 bis 1980 erfolgte der Umbau.

Der gesamte Ostflügel wurde durch ein Altländer Bauernhaus von 1823 ersetzt und um zehn Meter verkürzt. Nur der mit Löwen geschmückte Türsturz ist erhalten geblieben. Die originale Brauttür des versetzten Baus wurde als nördliche Eingangstür zum Rathaus ebenfalls versetzt.

Das Hauptgebäude ist ein zweigeschossiger Fachwerkbau, der sich im Westen mit der Hauptfassade traufseitig mit einem Mittelgiebel auf ein Fleet ausrichtet. Diese Seite ist regelmäßig und repräsentativ gestaltet. Die Geschosse und Giebel kragen an drei Seiten vor. Der wiederholt umgebaute Mittelteil hat vor allem 1783 sein Aussehen verändert. Damals wurden vermutlich die Wände im Obergeschoss des Seitenflügels erhöht. Auch der asymmetrische Erker in der Fassadenmitte könnte auf diesen Umbau zurückgehen. Im Inneren zeigt die untere Treppenhalle wie auch die Halle darüber spätbarocke Stuckdecken. ⚜

Adresse

Am Gräfengericht 2
21635 Jork

Nutzung

Rathaus der Gemeinde

Jork-Moorende – Esteburg

In Jork-Moorende liegt die so genannte Esteburg. Sie ist der älteste Adelssitz des Alten Landes und wurde zwischen 1609 und 1611 für den Gräfen Diedrich von Schulte erbaut, der damals seinen Wohnsitz auf der Horneburg aufgab. Der ursprüngliche Wirtschaftsbau von 1607, der direkt an das Gebäude anschloss, wurde durch ein Feuer 1983 vernichtet. An seiner Stelle entstand der heute noch vorhandene Backsteinbau. Bis 1899 lebte die Familie von Schulte hier.

Das Gebäude steht in deutlichem Abstand zur Straße hinter einem Graben. Von den ehemaligen korbbogigen Durchfahrten sind heute bis auf eine alle vermauert.

An das zweigeschossige Herrenhaus mit Krüppelwalmdach über quadratischem Grundriss mit einer Seitenlänge von jeweils 20 Metern schließt der Wirtschaftsbau an. Der nördliche Eingang hat zwei Türhüter mit je einer Lanze. Sie gleichen sich spiegelbildlich und stehen auf Podesten. Über der Tür ist das Wappen der von Schultes angebracht. Türhüter und Wappen stammen von 1722. Interessant ist die Werksteinornamentik des in Backstein errichteten Hauses. Neben qualitätsvollen Eckbossen existieren perspektivisch gearbeitete Kanonensteine sowie kannelierte Fensterpfosten. Eine Besichtigung der Esteburg ist nicht möglich.

Adresse
Moorende 55
21635 Jork

Nutzung
Privatbesitz

Hollern – Gut Brook

Das Gut Brook, ein ehemaliger Altländer Adelssitz in Hollern, folgt dem Typus eines T-Hauses. Das Gebäude wurde kurz nach 1700 erbaut. Eine Lindenallee führte von der Straße auf den Eingang zu. Das zweigeschossige Wohnhaus in Fachwerk hat ein pfannengedecktes Walmdach. An der Rückseite schließt sich ein massiver Wirtschaftsbau an, der erneuert wurde.

Das Obergeschoss kragt an drei Seiten leicht vor. An der vierachsigen Eingangsseite ist das linke Fenster im Obergeschoss noch Originalbestand. Die übrigen Fenster wurden im Laufe der Zeit modernisiert. Das Innere des Wohnteils birgt noch eine hölzerne Spindeltreppe mit geschnitztem Geländer sowie einen Saal im Obergeschoss mit einer Stuckdecke aus der Anfangszeit des 18. Jahrhunderts, die Fruchtsträuße zeigt. Das Gut Brook kann nicht besichtigt werden.

Adresse
Speersort 167
21723 Hollern-
Twielenfleth

Nutzung
Privatbesitz

Literaturhinweise

- 700 Jahre Wandsbek 1296-1996. Eine Festschrift. Hamburg 1996
- Ahrens, Claus: Die „Alte Burg" Hollenstedt. (Helms-Museum 45). Hamburg 1980
- Ahrens, Peter: Lieth/Agathenburg in der Neuzeit (1524-1900). In: 800 Jahre Agathenburg. Chronik eines Geestrandortes. Agathenburg 1999, S. 34-56
- Albrecht, Heike (bearb.): Landkreis Stade ohne die Städte Stade und Buxtehude (Denkmaltopographie Bundesrepublik Deutschland, Baudenkmale in Niedersachsen 26.1). Hameln 1997
- Behr, Hans-Joachim: Die Pfandschloßpolitik der Stadt Lüneburg im 15. und 16. Jahrhundert. Lüneburg 1964
- Behrens, Angela: Das Adlige Gut Ahrensburg von 1715 bis 1867 – Gutsherrenschaft und Agrarreformen (Stormarner Heft 23). Neumünster 2006
- Berger, Julia und Bärbel Hedinger (Hg.): Franz Gustav Forsmann 1795-1878. Eine Hamburger Architektenkarriere. Neumünster und Hamburg. Altona 2006
- Bohnsack, Dietrich: Das Fundament eines steinernen Rundturmes des 11. Jahrhunderts in der Hamburger Altstadt. In: Château Gaillard 2 (Beihefte der Bonner Jahrbücher 27). 1967, S. 1-6
- Bohnsack, Dietrich: Die „Bischofsburg" am Speersort in Hamburg. In: Hammaburg NF 7. 1986, S. 174-162
- Burmester, Ralf: Zwischen Deich und Heide – Bilderbogen Süderelbe. Neugraben 1985

- Busch, Ralf (Hg.): Domplatzgrabung in Hamburg, Teil 1 (Veröffentlichungen des Helms-Museums 70). Neumünster 1995
- Busch, Ralf (Hg.): Bodendenkmalpflege in Hamburg. Neumünster 1989
- Busch, Ralf: Die Burgen (Die Kunst des Mittelalters in Hamburg). Hamburg 1999
- Buttlar, Adrian von und Margita Marion Meyer (Hg.): Historische Gärten in Schleswig-Holstein. Heide 1996
- Büttner, Hellmut: Das Winsener Schloß. Neue baugeschichtliche Erkenntnisse. In: Harburger Kreiskalender 1999, S. 99-110
- Ceynowa, Tatjana: Das Wandsbeker Herrenhaus des Heinrich Rantzau. Zur Geschichte eines Adligen Guts in Holstein (Kieler kunsthistorische Studien N.F. 7). Kiel 2004
- Chronik Jersbek – Klein Heusdorf – Timmerhorn. Husum 1989
- Crusius, Reinhard: Der Jenisch-Park – Ein Spaziergang durch seine Geschichte und Jahreszeiten. Hamburg 2006
- Dehio, Georg: Handbuch der Deutschen Kunstdenkmäler. Bremen und Niedersachsen. Bearbeitet von Gerd Weiß unter Mitarbeit von Karl Eichwalder u. a. München und Berlin 1992
- Dehio, Georg: Handbuch der Deutschen Kunstdenkmäler Hamburg. Schleswig-Holstein. Bearbeitet von Johannes Habich, Christoph Timm (Hamburg) und Lutz Wilde (Lübeck). München und Berlin 1994

- Dreyer, Hans: Die alte Fähre in Blankenese im Wandel der Jahrhunderte. Hamburg 1980
- Ehrenberg, Richard: Aus der Vorzeit von Blankenese. Hamburg 1897
- Foedrowitz, Michael: Bunkerwelten. Luftschutzanlagen in Norddeutschland. Berlin 1998
- Först, Elke: Der Bischofsturm und seine Geschichte (Veröffentlichungen des Helms-Museums, Hamburger Museum für Archäologie und die Geschichte Harburg, 92). Hamburg 2004
- Först, Elke: Die Altgrabung „Neue Burg" in Hamburg – Das Fundmaterial. In: Nachrichten aus Niedersachsens Urgeschichte, 76. Stuttgart 2007, S. 101-137
- Frahm, Ludwig: Die Mellingburg. In: Jahrbuch des Alster-Vereins 1926/27, S. 39-41
- Frohböse, Ferdinand: Die Burg auf dem Falkenberg bei Neugraben. Ergebnisse der Untersuchungen und Grabungen. Hamburg 1912
- Führer zu archäologischen Denkmälern in Deutschland 1. Stuttgart 1983
- Führer zu vor- und frühgeschichtlichen Denkmalen 29. Das Elb-Weser-Dreieck I. Einführende Aufsätze. Mainz 1976
- Führer zu vor- und frühgeschichtlichen Denkmalen 30. Das Elb-Weser-Dreieck II. Forschungsprobleme, Exkursionen Stade, Bremervörde, Zeven, Buxtehude. Mainz 1976
- Führer zu vor- und frühgeschichtlichen Denkmalen 7. Hamburg-Harburg, Sachsenwald, Nördliche Lüneburger Heide. Mainz 1967
- Führer zu vor- und frühgeschichtlichen Denkmalen 10. Hansestadt Lübeck, Ostholstein, Kiel. Mainz 1968
- Füßlein, Wilhelm: Geschichte der hamburgischen Walddörfer. Hamburg 1937
- Gärten, Landhäuser und Villen des hamburgischen Bürgertums. Kunst, Kultur und gesellschaftliches Leben in vier Jahrhunderten (aus den Schausammlungen des Museums für Hamburgische Geschichte 4). Hamburg 1975
- Gemeinde Moisburg: Moisburg und sein Amtshaus. Herausgegeben von der Gemeinde Moisburg anläßlich der Einweihung des restaurierten Amtshauses. 2. September 1983
- Hagen, Günther: Geschichte der Stadt Winsen (Luhe). Winsen 1978
- Hamburg Altstadt (Führer zu archäologischen Denkmälern in Deutschland 41). Stuttgart 2002
- Hedinger, Bärbel (Hg.): C. F. Hansen in Hamburg, Altona und den Elbvororten. Ein dänischer Architekt des Klassizismus. München und Berlin 2000
- Hedinger, Bärbel und Julia Berger (Hg.): Joseph Ramée. Gartenkunst, Architektur und Dekoration. Ein internationaler Baukünstler des Klassizismus. München und Berlin 2003
- Hellberg, Lennart, Heike Albrecht und Heino Grunert: Hamburg-Inventar: Bezirk Harburg und Umgebung (Reihe Hamburg-Inventar/Denkmaltopographie Bundesrepublik Deutschland). Hamburg 1999

- Helms-Museum Harburg. Braunschweig 1999
- Hermann-Reemtsma-Stiftung (Hg.): Das Landhaus Baur von Christian F. Hansen in Altona. München und Berlin 2005
- Hesse, Frank Pieter: Die Burgruine Henneberg in Hamburg-Poppenbüttel. In: Burgen und Schlösser 1989/II, S. 96-98
- Hipp, Hermann: Freie und Hansestadt Hamburg. Geschichte, Kultur und Stadtbaukunst an Elbe und Alster. Köln 1989
- Hirschfeld, Peter: Herrenhäuser und Schlösser in Schleswig Holstein. München 1987
- Hoffmann, Paul Theodor: Die Elbchaussee. Ihre Landsitze, Menschen und Schicksale. Hamburg 1937
- Hornbostel, Wilhelm und David Klemm (Hg.): Martin Haller. Leben und Werk 1835-1925. Hamburg 1997
- Kammann, Christian: Die Agathenburg. Geschichte eines bremischen Herrenhauses und seiner Gärten (Beiträge des Landkreises Stade zu regionalen Themen 6). Stade 1988
- Kausche, Dietrich: Harburg unter Pfandherrschaft der Stadt Lüneburg. In: Lüneburger Blätter 10 (1959), S. 45-89
- Keesenberg, Hermann: Aus Wilhelmsburgs Heimatgeschichte. Aus der älteren Geschichte Georgswerders 1158-1609. In: Die Insel 1979, S. 3-12
- Keesenberg, Hermann: Vom „adelichen Gutsherren in Stillhorn" über den herzoglichen Amtmann, den königlichen Gemeindevorsteher und den Bürgermeister der Stadt Wilhelmsburg bis zum Ortsamtsleiter von Wilhelmsburg. In: Die Insel 1979, S. 13-20
- Keesenberg, Hermann: Wilhelmsburg. Die Insel der Gegensätze. Hamburg 1989
- Klee Gobert, Renata (bearb.): Bergedorf. Vierlande, Marschlande. Die Bau- und Kunstdenkmale der Freien und Hansestadt Hamburg Bd. I. Hamburg 1953
- Klee Gobert, Renata (bearb.): Altona – Elbvororte. Die Bau- und Kunstdenkmale der Freien und Hansestadt Hamburg Bd. II. Hamburg 1959
- Knorr, Martin: Das Bergedorfer Schloß (Bergedorf Porträt 3). Hamburg 1989
- Körner, Robert: Wellingsbüttler. In: Jahrbuch des Alstervereins 1903, S. 6-11
- Kramer, Willi: Ausgrabungen auf der landesherrschaftlichen Hatzburg bei Wedel. In: Jahrbuch für den Kreis Pinneberg 1993, S. 9-33
- Küster, Christian L.: Jenisch-Haus. Museum Großbürgerlicher Wohnkultur (Schnell Kunstführer 1322). München 2004
- Landt, Matthias: Die Schlossbauten des Gottorfer Herzogs Adolf im 16. Jahrhundert. Kiel 1984 (Diss. Kiel 1984)
- Lange, Ralf: Architekturführer Hamburg. Stuttgart 1995
- Laß, Heiko: Bauen im Raum Flottbek-Othmarschen. In: Flottbek-Othmarschen einst und jetzt 1997, S. 207-219
- Laß, Heiko: Hamburgs Vorposten: Neuwerk und Ritzebüttel – Bergedorf und Riepenburg. In: Mittelalter in Hamburg. Vorträge der Stiftung Denkmalpflege in Hamburg, Hg. von Volker Plagemann (Vorträge der Stiftung Denkmalpflege Hamburg 1). Hamburg 2000, S. 83-96

- Laux, Friedrich: Studien zur frühgeschichtlichen Keramik aus dem slawischen Burgwall bei Hollenstedt, Ldkr. Harburg. In: Hammaburg NF 11. Neumünster 1997, S. 7-183
- Loose, Hans Dieter (Hg.): Hamburg. Geschichte der Stadt und ihrer Bewohner Bd. I. Von den Anfängen bis zur Reichsgründung. Hamburg 1982
- Lund, Hakon und Anne Lise Thygesen: C. F. Hansen. 2 Bände. München und Berlin 1999
- Lühning, Frauke und Hans Schadendorff: Schloß Ahrensburg (Führer zu schleswig-holsteinischen Museen 1). Neumünster 1982
- Lutteroth, Ascan W.: Das Hamburgische Herrenhaus zu Wohldorf. Hamburg 1925
- Neuschäffer, Hubertus: Schlösser und Herrenhäuser im Herzogtum Lauenburg. Würzburg 1987
- Neuschäffer, Hubertus: Schlösser und Herrenhäuser in Südholstein. Würzburg 1987
- Neuß-Aniol, Helene: Die Hatzburg bei Wedel, Kreis Pinneberg: Archäologische Ausgrabung und historische Quellen. In: Offa 49/50 (1992/93), S. 456-511
- Opitz, Eckardt: Die Bismarcks in Friedrichsruh. Hamburg 1990
- Overlack, Victoria (Hg.): Das Bergedorfer Schloss. Een sloten Huß. Entstehung – Funktionen – Baugeschichte. Hamburg 2008
- Pioch, Wilfried: Die Schloßkirche in Ahrensburg (Schnell Kunstführer 2271). Regensburg 1996
- Plutat, Hanna: Deutsches Maler- und Lackierer-Museum Hamburg-Billwerder (Schnell Kunstführer 1512). Regensburg 2002
- Reichardt, Christa, Wolfgang Herzfeld und Wilfried Pioch: 400 Jahre Schloß und Kirche Ahrensburg. Grafen, Lehrer und Pastoren. Husum 1995
- Reincke, Heinrich: Hamburgische Territorialpolitik. In: Zeitschrift des Vereins für Hamburgische Geschichte 38. 1939, S. 28-116
- Reinstorff, Ernst: Geschichte der Elbinsel Wilhelmsburg vom Urbeginn bis zur Jetztzeit. Hamburg 1955
- Richter, Klaus und Friedrich Laux: Von der Burg zur Industriestadt. Helms-Museum. Informationsblatt 47. Hamburg 1980
- Richter, Klaus: Mittelalterliche Burgen und befestigte Höfe im Harburger Raum. In: Harburger Kreiskalender 1990
- Risch, Hans Gerhard: Die „Curia in Rodenbeke" – ein spätmittelalterlicher adliger Wohnsitz im Kirchspiel Bergstedt. In: JbA, Jg. 62. Norderstedt 1986, S. 12-23
- Risch, Hans Gerhard: Die Grafschaft Holstein-Pinneberg von ihren Anfängen bis zum Jahr 1640. Diss. Hamburg 1986
- Rosenfeld, Angelika: Sasel. Ein Stadtteil hat Geschichte. Hamburg 1991
- Rumohr, Henning von: Schlösser und Herrenhäuser im nördlichen und westlichen Holstein. Frankfurt 1981
- Sager, Wilhelm: Borstel – vom adligen Gut zum Forschungszentrum. Bad Segeberg 2001

- Schindler, Reinhard: Die Bodenaltertümer der Freien und Hansestadt Hamburg (Veröffentlichung des Museums für Hamburgische Geschichte, Abteilung Bodendenkmalpflege 1). Hamburg 1960
- Schloß Reinbek o. O. [Reinbek], o. J. [1983]
- Schmal, Helga und Tobias Selke: Bunker – Luftschutz und Luftschutzbau in Hamburg. Hamburg 2001
- Schmal, Helga: Bezirk Bergedorf 1. Vier- und Marschlande Hamburg-Inventar. Stadtteilreihe 6, Denkmaltopographie Bundesrepublik Deutschland. Hamburg 1986
- Schmidt, Irene: Rönneburg. Sitz der Vogtei Höpen. 1992
- Schneider, Renate: Ergebnisse hamburgischer Bodendenkmalpflege nördlich der Elbe. In: Ralf Busch (Hrsg.): Bodendenkmalpflege in Hamburg. Neumünster 1989, S. 11-26
- Seemann, Agnes: Bergedorf-Lohbrügge. Hamburg-Inventar. Stadtteilreihe 2, Denkmaltopographie Bundesrepublik Deutschland. Hamburg 1997
- Sparmann, Friedrich: Die Hennebergs in Poppenbüttel 1855-1955. In: Jahrbuch des Alstervereins e. V. Hamburg 1955
- Sparmann, Friedrich: Links und rechts der Oberalster. Eine kleine Heimatkunde (Hamburger Heimatbücher). Hamburg o. J.
- Steinmetz, Wiebke: Heinrich Rantzau (1526-1598). Ein Vertreter des Humanismus in Nordeuropa und seine Würdigung als Förderer der Künste. Frankfurt/Main; Bern; New York; Paris 1991
- Teuchert, Wolfgang und Arnold Lühning (bearb.): Die Kunstdenkmale des Kreises Pinneberg (Die Kunstdenkmäler des Landes Schleswig-Holstein 9). München und Berlin 1961
- Voigt, Johann Friedrich: Beiträge zur Geschichte des ehemals Lübeck-Hamburgischen Amts und Städtchens Bergedorf. Hamburg 1913
- Vollstädt, Simone: Die Riepenburg und die Riepenburger Mühle. Die Geschichte der mittelalterlichen Festung, ihrer Hofanlage und der ältesten Kornwindmühlen im Bezirk Bergedorf vom 13. Jahrhundert bis heute. Hamburg 1997
- Walloch, Karl-H.: Die Elbchaussee. Geschichte und Geschichten von Hamburgs schönster Straße. Hamburg 1998
- Wiek, Peter: Das Hamburger Etagenhaus 1870-1914. Geschichte – Struktur – Gestaltung (Veröffentlichungen des Vereins für Hamburgische Geschichte 46). Bremen 2002

Glossar

Achse gedachte Linie durch Gelände wie einen Park oder ein Gebäude, meist als Symmetrie-Achse. Im Aufriss handelt es sich um ein Fassadenelement, das in gleichartiger vertikaler Reihung den Fassaden-Aufriss ergibt

Ädikula kleiner, einer Tempelfront ähnlicher Aufbau zur Unterbringung einer Statue oder Büste

Altan balkonartiger, unterbauter Austritt mit Stützen- oder Mauerverbindung zum Erdboden

Arkaden auf Pfeilern oder Säulen bzw. Wandvorlagen ruhende Bogenreihe

Attika brüstungsartiger Aufbau oberhalb des Hauptgesims eines Gebäudes, frei vor dem Dach stehend

axial Anordnung oder Bewegung entlang einer Achse

Balustrade Folge von Balustern – niedrigen, meist vasenförmigen, manchmal gedrehten Stützgliedern – oft als Brüstung dienend

Bänderrustika Mauerwerksbänder aus grob zugehauenen Werksteinquadern

Bastion aus der Umfassungslinie einer Festung hervorstehendes, aus vier Linien bestehendes, hinten offenes Werk

Belvedere Aussichtsturm oder erhöht gelegene Aussichtsplattform

Berme horizontaler Bereich zwischen einem Mauer- oder Wallfuß und dem vorgelegten Graben zur Stabilisierung des Fundaments

Biedermeier Zeitspanne von 1815 bis 1848, europäischer Kunst- und Baustil

Blendbogen Bogen oder Arkade, die keine Öffnung überdeckt, sondern einer Wand als Gliederungselement vorgelegt ist

Boskett Hecken- und Niederwaldbereich des Gartens, zumeist in geometrisch exakte Formen geschnittene Hecken und Bäume, auch Lustwäldchen im barocken Schlossgarten

Dachreiter auf dem Dachfirst aufsitzendes, schlankes Türmchen

Degagement Hintere Räume, die nicht der Öffentlichkeit sichtbar oder zugänglich sind

Domimmunität Rechtsbereich, der zum Dom gehört

Donjon Wohn- und Wehrturm einer mittelalterlichen Burg

Eckquaderung Eckverzierung eines gemauerten Gebäudes durch Quadersteine, die sich vom Mauerwerk abheben

Enfilade Zimmerflucht, bei der die Verbindungstüren in einer Achse liegen, oft ist am Ende ein Fenster gelegen, das den Blick in die Weite gewährt

Epitaph Denkmal in einer Kirche oder ihrem Umfeld zur Erinnerung an Verstorbene

Eselsrücken Bogen mit geschweiften Kanten, die im unteren Teil konvex und im oberen teil konkav geschwungen sind, auch Kielbogen

Faschine walzenförmige Reisig- bzw. Rutenbündel zur Abwehr von Erosion und Böschungsbrüchen

Feston Ornament, arkadenförmige Bordüre

Fiale gotische Bekrönungsform, Türmchen, bestehend aus Schaft (Leib) und Spitzhelm (Riese)

Fideikommiss Vermögen (Grund, Boden oder Kapital), das durch private Willenserklärung für unveräußerlich erklärt wurde, um in einer Familie zur Erhaltung ihres Ansehens von Geschlecht zu Geschlecht vererbt zu werden

Fort Bestandteil einer Festung

fortifikatorisch militärisch befestigt

Gau landschaftlich geschlossene und von natürlichen Grenzen bestimmte politische Siedlungsgemeinschaft der Germanen

Gaube stark vortretendes Dachfenster mit eigenem Dächlein

Geest Landschaftstyp, der durch Sandablagerungen entstanden ist

gekuppelt gedoppelt, unmittelbar nebeneinander stehende oder zusammengehörende Bauelemente

Gesims Architekturglied zur horizontalen Unterteilung einer Fassade

Giebeldach Satteldach, bei dem zwei geneigte Dachflächen gegen einen gemeinsamen First stoßen

Gotik europäischer Baustil, in Deutschland ca. 13. bis 16. Jahrhundert

Hufner Bauer, der als Grundbesitzer große Flächen bewirtschaftet.

Jugendstil europäischer Kunststil, in Deutschland Ende 19./Anfang 20. Jahrhundert

kanneliert Auskehlung einer Säule mit senkrechten, konkaven Furchen

Kapitell der oberste, zwischen Stützen und Last vermittelnde Teil einer Säule, eines Pfeilers oder Pilasters

Kartusche seit der Renaissance häufig verwendete Ornamentform bestehend aus einer medaillon- oder schildförmigen Fläche, meist mit einer Inschrift, einem Wappen oder Emblem, reich an geschmückter Umrahmung

Kemenate Kaminraum

Klassizismus europäischer Baustil, in Deutschland 1770 bis 1830

Klei stark bindige Böden, die in norddeutschen Marschen vorkommen

Klöntür horizontal teilbare Haustür, deren oberen Bereich man zum Klönen (Unterhalten) öffnen kann, während der untere Teil geschlossen bleibt

Konche Nische auf halbkreisförmigem Grundriss, von einem Kugelsegment überwölbt

Kragen, vorkragen aus der Mauer vorstehende, waagerechte Stützen, etwa Balken oder Konsolen, die einen vorstehenden Bauteil tragen

Krüppelwalmdach auf Trauf- und Giebelseite geneigte Dachflächen, wobei die Traufe des Walms über der Traufe des Hauptdaches liegt

Lambris Verkleidung des unteren Bereichs einer Wandfläche im Innenraum

Legat vertritt als Botschafter des Heiligen Stuhls die Autorität des Papstes

Lehngut zur Nutzung überlassenes, verliehenes Grundstück mit Abgabenpflichten an den Lehnsherrn

Lisene schwach vortretende, vertikale Mauerverstärkung ohne Basis und Kapitell zur Gliederung von Fassaden

Liturgie Ordnung und Gesamtheit der religiösen Zeremonien und Riten des jüdischen und christlichen Gottesdienstes

Lünette oft dekoriertes Bogenfeld über Türen und Fenstern

Mansarddach nach dem französischen Baumeister J. H. Mansart (1645 bis 1707) benanntes, geknicktes Dach mit steiler Neigung im unteren Teil

Marsch fruchtbare Ebenen in flachen Küstengebieten mit Gezeiten ohne natürliche Erhebungen

Marstall Pferdestall

Mezzanin niedriges Zwischen- oder Halbgeschoss

Motte Turmhügelburg, in Holzbauweise errichtete Burg auf einem künstlich angelegten Erdhügel

neoromanisch europäischer Baustil des 19. und Anfang des 20. Jahrhunderts

Neugotik Erscheinungsform des Historismus im 19. Jahrhundert, Stilelemente der historischen Kunstepoche werden aufgegriffen

oktogonal achteckig

Paternoster eine Sonderform einer Aufzugsanlage zur Personenbeförderung

Pendentifkuppel eine über den Bögen horizontal abgeschnittene Hängekuppel, bei der die Kreisfläche des Abschnittes von einer Halbkugelwölbung abgeschlossen wird

Petite Maison kleines Häuschen, hier eine Sonderform der französischen Maison de plaisance (Lusthäuser)

Pilaster Säule, die nicht rund, sondern eckig ist

Point de vue Blickfang am Ende eines Weges

polygonal mehreckig

Portal großes, repräsentatives Tor

Portikus Säulengang oder Säulenhalle mit geradem Gebälk

Remise Wirtschaftsgebäude an der rückwärtigen Grundstücksgrenze, auch Unterstand für Kutschen

Renaissance europäischer Baustil, in Deutschland 16. bis 17. Jahrhundert

Rentai Behörde, die die Einkünfte des Landesherrn verwaltet

Rippengewölbe oberer Raumabschluss von bogenförmigem Querschnitt mit zusätzlichen Rippen an den Graten im Quer- und Längsscheitel

Risalit aus der Fluchtlinie hervortretender Teil eines Gebäudes, der dessen volle Höhe erreicht oder auch höher ist

Rocaille muschelförmiges Ornament

Satteldach Giebeldach, bei dem zwei geneigte Dachflächen gegen einen gemeinsamen First stoßen

Schweifgiebel kleiner, nach oben geschwungener Giebel, vor allem in der Renaissance und im Barock verbreitet

Segmentbogen Flachbogen, der nur aus dem Teil (Segment) eines Kreises besteht

Segmentgiebel im Unterschied zum Dreiecksgiebel nicht mit einem Dreieck verdacht, sondern mit einem Kreissegment

Sohlbank Außenfensterbank als Teil des Mauerwerks

Staffagebau als Blickfang malerisch in die Landschaft gesetztes kleines Bauwerk

Stapelrecht das Recht einer Stadt, von durchziehenden Kaufleuten zu verlangen, ihre Waren in der Stadt für einen bestimmten Zeitraum zum Kauf anzubieten

Stuckatur Stuckdekoration eines Innenraumes

Sturz Träger, der eine Maueröffnung überspannt

Supraporte über einer Tür angebrachtes Gemälde oder Relief

Triglyphenfries Dreischlitzplatte am Fries der dorischen Ordnung

Tudorgotik in der Baukunst des 19. Jahrhunderts praktizierter Rückgriff auf Gestaltungselemente des spätgotischen englischen Tudorstils

Turmhügelburg eine kleine Burg, die aus einem bewohnbaren Turm, der auf einem künstlichen Hügel steht und von einem Graben umgeben ist, besteht

Vedute wirklichkeitstreue Darstellung einer Landschaft oder eines Stadtbildes

Vestibül Vor- oder Eingangsraum zu einem herrschaftlichen Wohnhaus

Vogtei Machtbereich und Amtsgebäude eines Vogtes

Volute spiralförmig aufgerolltes Bauglied zur Vermittlung zwischen horizontalen und vertikalen Baulinien

Vorburg vor der Hauptburg gelegener, befestigter Bereich, der überwiegend oder auch ausschließlich Wirtschaftsbauten aufnimmt

Voute geradlinige oder gekrümmte Abschrägung eines Auflagers, etwa am Übergang von der Decke zur Wand

Walmdach im Gegensatz zum Satteldach sind an den Seiten keine Giebel, das Dach ist an der Stelle abgeschrägt

Wurt ein künstlich aus Erde aufgeschütteter Siedlungshügel

Zinne aufgemauerter Aufsatz

Zwinger Bereich zwischen der Ringmauer und einer weiteren äußeren Mauer oder einem weiteren äußeren Wall

Ortsregister

Danksagung

Dieses Buch wäre nicht entstanden, hätten nicht viele zu seinem Entstehen beigetragen. An erster Stelle gilt mein Dank Wolfgang Henkel, der mich 2005 in Dornburg an der Saale – mitten in Thüringen – ermuntert hat, meine Ergebnisse zu Burgen und Schlössern in Hamburg im L&H Verlag zu veröffentlichen.

Ferner gilt mein Dank den Mitgliedern des Marburger Arbeitskreises für europäische Burgenforschung e. V. sowie den Mitgliedern des Rudolstädter Arbeitskreises zur Residenzkultur e. V. Die unzähligen Diskussionen, Tagungen und Exkursionen haben über viele Jahre überhaupt erst die Basis gelegt, auf der ich heute arbeite und forsche. Offene Gespräche und der Meinungsautausch vor Ort sind unverzichtbar.

Ferner haben viele dieses Buch kritisch gegengelesen, ehe es veröffentlicht wurde. Ganz besonders möchte ich mich bei Herrn Frank Pieter Hesse, Denkmalpfleger der Freien und Hansestadt Hamburg, bedanken. Viele wichtige Hinweise stammen auch von Inken Schröder aus Hamburg.

Ein großer Dank geht auch an Sandra Kalcher und Thies Schröder, deren Verdienst es ist, dass das Buch erschienen ist. Und nicht zuletzt gilt mein aufrichtiger Dank den Fotografen Tim Corvin Kraus und Bina Engel für die anschaulichen Bilder, sagt ein Bild doch oft mehr als 1.000 Worte.

Heiko Laß, im Winter 2011

Autor

Dr. Heiko Laß, Kunsthistoriker und Historiker, ist gebürtiger Hamburger und Gründungsmitglied sowie 1. Vorsitzender des Marburger Arbeitskreises für europäische Burgenforschung e. V.

Er hat eine Dissertation über „Jagd- und Lustschlösser. Kunst und Kultur zweier Landesherrlicher Bauaufgaben in der Frühen Neuzeit – Dargestellt an thüringischen Lustschlössern des 17. und 18. Jahrhunderts" geschrieben und an verschiedenen kunst- und kulturhistorischen Ausstellungsprojekten mitgearbeitet. Zu diesem Themenkreis hat er eine Reihe von Tagungen durchgeführt sowie Aufsätze und Einzeluntersuchungen vorgelegt, vornehmlich zum Burgen- und Schlossbau in Deutschland, zur Kultur von Eliten und zu landesgeschichtlichen Themen.

Bildnachweis

Bettina Albrod, Hamburg (79)
Archiv der Otto-von-Bismarck-Stiftung, Friedrichsruh (52)
Raoul Baart, Papendrecht (32)
Peter Beenk, Hamburg (123)
Denkmalschutzamt Hamburg, Bildarchiv (25, 27, 31, 38, 39, 41, 45, 86, 87, 90, 95, 105, Rücktitel Mitte)
Bina Engel, Hamburg (Titel, 43, 48, 51, 62, 67, 68, 88, 91, 93, 104 unten, 108, 111, 113, 131 links)

Forschungszentrum Borstel (77)
Gut Kaden, Alveslohe (115, Rücktitel oben)
Gutsverwaltung Wotersen (21, 58)
Tim Corvin Kraus, Hamburg (34, 36, 44, 46, 49, 55, 56, 63, 65, 66, 73, 74, 103, 104 oben, 109, 112, 131 rechts, 132, 133, Rücktitel unten)
Gina Lang, Jork (118, 135)
Albert G. Paulisch, Winsen (119, 124, 125)
Thaddäus Zoltkowski, Hamburg (99)

Weitere Titel im L&H Verlag

Von Gisa und Bernhard von Barsewisch
Bei den „Edlen Gänsen" zu Tisch
Vom Kochen und Leben in märkischen Gutshäusern

Die Autoren Gisa und Bernhard von Barsewisch zeichnen ein realistisches Bild vom Leben des Brandenburger Landadels. Anhand von Geschichten und ca. 180 alten Rezepten erfährt der Leser, wie Gutshausbesitzer und Angestellte in einer Gemeinschaft lebten, was in der Küche zubereitet und wie Feste gefeiert wurden.

Hardcover
224 Seiten
ISBN 978-3-939629-08-5
14,80 Euro

Von diversen Fachautoren
Burgen, Schlösser und Herrenhäuser in Brandenburg
Entdeckungsreisen zu bekannten und unbekannten Objekten

Im Mittelpunkt der Publikation stehen die adligen Landsitze, die bedeutsam für die Geschichte und Entwicklung der Mark und des Landes Brandenburg gewesen sind.

Herausgegeben vom
Freundeskreis Schlösser und Gärten der Mark in der Deutschen Gesellschaft e. V.

Hardcover
248 Seiten
ISBN 978-3-939629-07-8
24,80 Euro

Von Jörg Raach
Industriekultur in Berlin
Die 115 wichtigsten Bauten des Industriezeitalters

Nirgends gibt es so viele kulturelle Ausdrucksformen der Industrialisierung wie in Berlin. Keine andere Stadt kann auf so reichhaltige Zeugnisse des Industriezeitalters verweisen. Das vorliegende Buch stellt die 115 wichtigsten Fabrik- und Technikbauten in Text und Foto vor.

In Zusammenarbeit
mit dem Landesdenkmalamt Berlin

Hardcover
200 Seiten
ISBN 978-3-939629-00-9
24,80 Euro

Von Jörg Raach
Industriekultur in Brandenburg
Faszinierende Denkmale des Industriezeitalters

Mit der Vorstellung von mehr als 90 wichtigen Objekten der brandenburgischen Industriekultur setzt dieses Buch die Reihe fort. Dargestellt werden u. a. die Geschichte der Technik, die Architektur der Produktionsstätten sowie die Sozialgeschichte des Industriezeitalters.

Herausgegeben vom
Brandenburgischen Landesamt für Denkmalpflege und Archäologischen Landesmuseum

Hardcover
200 Seiten
ISBN 978-3-939629-12-2
24,80 Euro

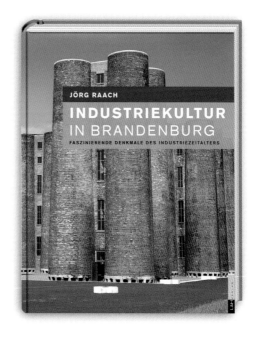

Impressum

L&H Verlag

Bernauer Straße 8a, 10115 Berlin
Telefon +49. 30. 34709515
Fax +49. 30. 34709516
info@lh-verlag.de
www.lh-verlag.de

Lektorat

Sandra Kalcher, Thies Schröder
L&H Verlag, Berlin

Grafisches Konzept & Gestaltung

Christian Vahldiek, Sandra Fischer-Gronau
MedienDesignBÜRO, Berlin

Karten

www.mediendesignbuero.de

Produktion

druckhaus köthen

Bibliografische Information der Deutschen Bibliothek

Die Deutsche Bibliothek verzeichnet diese Publikation in der Deutschen Nationalbibliografie. Detaillierte bibliografische Daten sind im Internet über http://dnb.ddb.de abrufbar.

ISBN 978-3-939629-01-6
1. Auflage 2012